個人深深地覺得這些佛經，
有普遍向社會大眾介紹的必要，
因為它的確可以淨化人心，
產生潛移默化的力量，
提高人們的道德水準。

二十部有益現實人生的佛教經典

佛經淺說

深入經藏　智慧如海

鐘友聯◎著

謹以本書為
母親六十壽

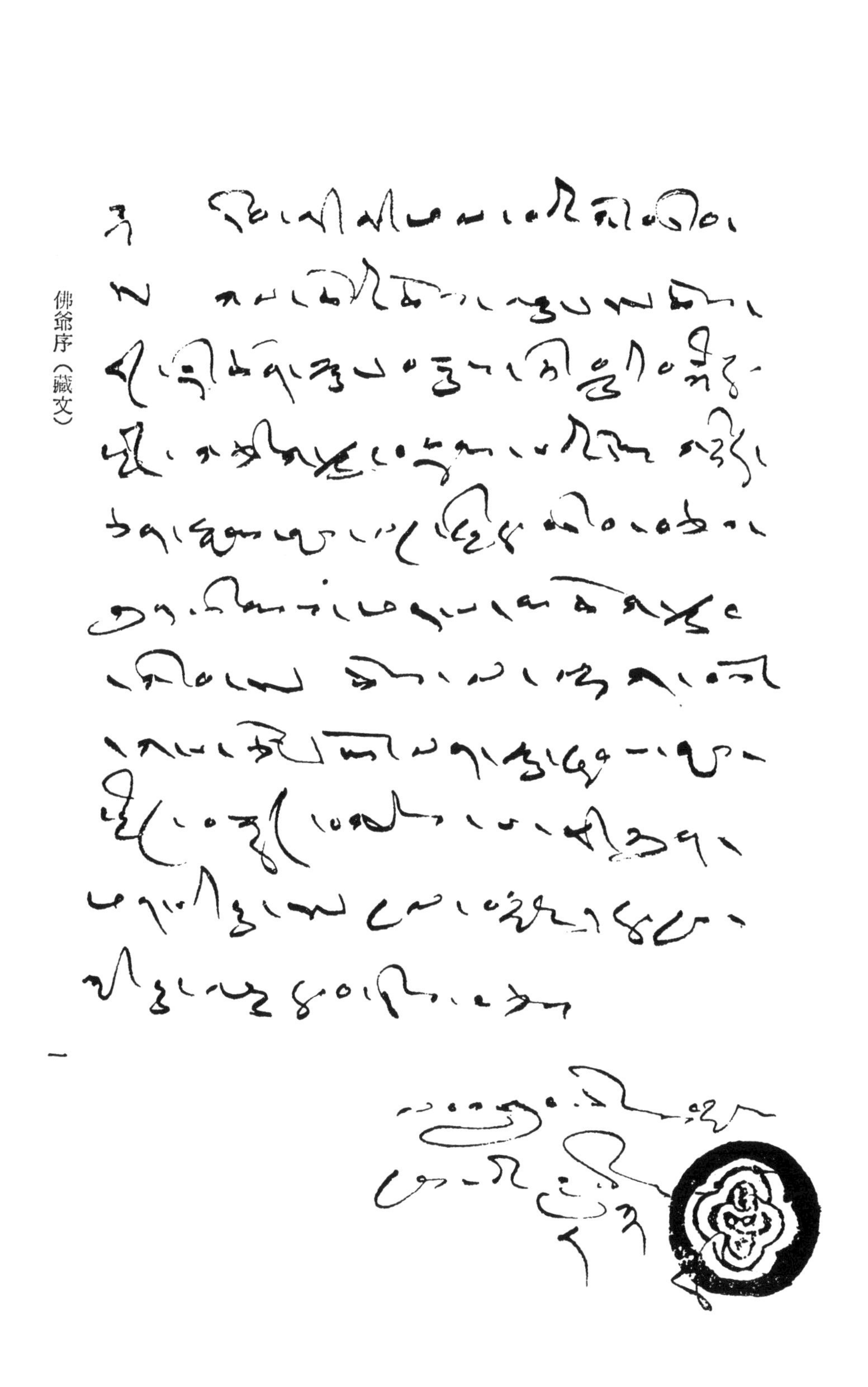

[illegible]

佛爺序

佛經淺說這部書，內容有中國第一次從梵文中譯出的佛經——四十二章經等二十部重要的佛經。本書是用淺顯的白話文寫成的，讀起來很方便，任何人皆可以看得懂。尤其是本書中所選出的二十部佛經，每部所說的道理，不但很容易了解，而且與現實人生，有密切的關係，是佛法的基本教理，也就是佛陀指示我們，如何做人的道理。

閱讀本書的利益很多，已學佛的人，看完本書，可以增加對佛法的認識，發心精進修持。一般社會人士，看完本書，最少可以增加忠孝仁愛的善心。

鐘友聯老師，本著仁者之心，發揮仁愛的精神，爲弘揚佛法，普渡衆生，及啓發做人的基本道理，解釋了這二十部佛經，功德無量！是爲序。

中華民國六十七年八月三日
西藏大神通轉世佛爺（丹吉）序於臺北

自序

佛教經典，浩如煙海，如非專門研究，恐怕窮畢生之力，都無法把三藏十二部，一一加以研讀。在這緊張繁忙的工商社會，能細讀一經一論，已算難能可貴了。個人不喜鑽營追逐，平日以讀書爲樂，也讀了一點佛經，深深地覺得這些佛經，有普遍向社會大衆介紹的必要，因爲它的確可以淨化人心，產生潛移默化的力量，提高人們的道德水準。

佛經的文字古雅深奧，一般人皆視讀經爲畏途，所以本書以最淺白的文字，最少的篇幅，爲大家介紹了二十部有益現實人生的經典。在這忙碌的時代裏，讀者們可以最經濟的時間，了解這二十部佛經的要點。不過，讀者千萬不能以本書的介紹爲滿足，如發現與自己根機相契的經典，那麼一定要進一步去研讀原典。

個人平日讀書不求甚解，囫圇吞棗，往往沒有心得，此次藉著寫作的機會，對這些經典，不得不詳細地閱讀，深入地了解；而且又可和廣大社會大衆結緣，以彌補財施之不足，於人於己，皆有利益，何樂而不爲呢？

個人自學佛以來，就知道爲人子者，應時時爲父母念佛。前年母親重病，我亦時時不忘爲母親祈禱，念佛修福，願母親能圓滿人間的願望。如今母親已病癒二年，又逢母親六十大壽，爲報佛恩及父母恩，特出版本書以爲紀念。

本書的出版，承蒙西藏大神通轉世，丹吉佛爺的賜序加持，這不僅是作者個人的榮幸，也是有緣見讀本書者的福報。也由於大福藏智慧劍金剛上師的慈悲攝受，才使我日日以讀經爲樂。在此一幷致最誠摯的謝意。

最後，願大衆皆能深入經藏，智慧如海。

鍾友聯　謹識

民國六十七年七月十八日於學不厭齋

目錄

第一章　四十二章經淺說

一、前　言

四十二章經，是由印度傳入中國的第一部佛經。相傳在東漢明帝永平七年，曾派遣使者十八人，其中有郎中蔡愔、博士王遵、中郎將秦景等，到印度求法。到了永平十年，才東返洛陽，用白馬馱經，並邀請中印度，迦葉摩騰及竺法蘭，二位大德同來，帝見了非常高興，於是在洛陽建了一座白馬寺，是中國第一座佛寺，做爲譯經的場所。四十二章經，就是在當時翻譯的第一本佛經，由迦葉摩騰和竺法蘭共同翻譯。

本經在體例上，與其他諸經，稍有不同。是佛成道後，外道的比丘，將他們不懂的地方，或是疑難的地方，提出來請佛解釋，計有四十二段，每段都有其重要的意義存在，而自成一章，合起來四十二章，故以爲經名。現在我們讀到本經，並不是問答式的，而是佛的語錄，這些語錄，是一條引導衆生修身、處世，以至成佛的大道。

現在僅將內容，簡介如下：

二、修身之道

吾人每日生活，在思想、言語、行動上，經常犯有十種過錯，在行動上常犯殺盜淫三種過錯；在言語上，常犯兩舌、惡口、妄言、綺語四種過失；在思想上，常犯嫉、恚、癡等三種過失。

吾人要做到不殺生，不隨意拿別人的東西，不邪淫，就是身業清淨。不挑撥是非，不以惡語罵人，不說無事實根據的話，不說好聽的話，去迎合奉承人家，就是口業清淨。見到別人成功不嫉忌，不隨意忿怒，能明辨是非，就是意業清淨。

上面所述十種過失，如果犯著，就不能成聖成佛，因爲那是個人修身的基本條件。這十種惡行，如能止住，就是走上十條善路了，成聖作佛是很有可能的。

可是，人非聖賢，孰能無過。人如果犯了過失，就必須趕快懺悔，一旦懺悔，正表示自己知道犯錯，又能趕快改正錯誤，努力做好人，這樣他的罪，是會慢慢消除，終至無罪的。如果犯了過錯，而自己不懺悔，也不趕快滅除其爲惡之心，這樣衆罪集其一身，罪愈加深，這個人就很難以自拔了。

一般人之常情，對於情欲，很難忍禁，但是只要想到我的身口意，造出惡業，必將受惡報，即可忍欲了。匹夫受辱，拔劍相向，亦人之常情，但想到現在被辱，只是償還過去辱人之債，這樣不但不生氣，且會高興，因爲債已還淸了。有一個人抱怨自己，不能停止患淫的行爲，打算要割斷他的生殖器。佛對他說，你若要斷陰，不如打死那個愛慕女色的心。只要能掌握自己的心，做觀念的轉換，止惡修善，是絕對可以做到的。

那麼什麼樣的善事最大最重要呢？佛告訴我們，研究佛所教的眞理，實踐佛所說的道理，度一切衆生，這是最大的善事，立志成佛，體驗佛的精神，這是最重要的事。

三、處世之道

當吾人立志修善時，會有惡人來干擾，使吾人無法好好修行，此時，我們不要去理他，不要生氣，也不要責罵他，這樣他的惡言惡語，就起不了作用，傷害不了我們，最後還要傷害到他自己，就像是向空中吐痰一樣，吐不了多高，痰還是落在自己臉上，也正如逆著風向人撒灰塵一般，終究弄得自己滿身是灰塵。

與惡人相處，必須要有忍辱的功夫。如果別人以惡言惡語罵你，你不但生氣，且去責罵他，這樣會激起他更大的惡意，如果你這樣做不僅會顯出自己缺乏忍辱的修養，而且自己也造了惡業。所以佛陀說，如果你罵我，而我不接受，那麼你的惡語，還是要物歸原主。你罵我，因犯了口業，將來是要受到惡報的，佛在這裏，已經指出了一條人間相處之道。

經中更擧「貧家布施難，豪貴學道難」等二十難。沒有錢的人，要用財物去幫助人家，的確很難，但是錢少，又肯布施，才是大布施，功德更大。豪華富貴的人，大都貪愛色身的享受，可是如能棄富而學道，那更是難能可貴。

世態炎涼，人情厚薄，古今如是，處此世間，應消除人我是非之分別心，去除貢高我慢的習氣，勇猛精進地學佛的精神，才是眞正的處世之道。

四、人生之路

佛問沙門，人命在幾間？沙門答說，人命在數日間，佛說你未懂眞理。另一沙門說，在飯食間，佛說也不對。第三個說，人命在呼吸間，佛點頭稱讚。

人的生命的確是短促，無常的，只在一呼一吸之間，一息不再入，就一命嗚呼了。

在這短暫無常的人生裏，大家都被世情所蒙，被欲望所蔽，無法瞭解人生的眞相，盲目地追求財色名利。人隨世俗追求聲名，等到聲名顯著時，人身也已死了。就像我們燒香一般，等到我們聞到香味，那支香也成灰燼了。佛說財色之於人，就像一把銳利的刀，在刀口塗著糖蜜，貪甜的小孩，不懂糖蜜背後的危險性，用舌尖舐它，結果舌尖被刀口割破了。

不知學道成佛的人，一生都被愛欲所牽累，佛說，貪戀於愛欲的人，就像拿著火炬，逆風而走，這個人的手，一定會被火燒傷的。在人的一生當中，都被妻子、兒女、房舍、田宅所束縛，幾乎無出離的一天，唯有捨離世俗的愛欲，才有成佛的希望。

因此，佛要我們常常記得，人這個身體，只是地水火風四大假合而成的，一旦四大分散，還有那一個「我」的存在呢？只不過是個幻想而已。

佛陀已經給人生指出了一條解脫之路。

五、成佛之路

人們常被世俗之愛所迷戀，被財色名食睡等五欲所纏，所以無法瞭解眞理，如果人們能做到絕愛、斷欲，那麼就能恢復本心的清淨。

佛說：「人從愛欲生憂，從憂生怖，若離於愛，何憂？何怖？」所以，一旦遠離愛欲，即可獲得自在。割捨愛欲，即是學道成佛的第一步工夫。佛說，修持佛法的人，好像身上穿著乾草編織的衣服，若有火來，須趕快逃避，才不會被火燒，學道者見可欲之事，必須遠離，否則修道難成。

學習佛道的人，好像鍊鐵，把雜質去掉，方成精器，學道人也是一樣，要把心上的執著、習氣、迷妄等去除，使身口意清淨，才能成佛作祖。

學佛的人，對於佛所說的，應該全部信受，不用選擇，佛所說的經教，本來是沒有分別的，像蜜的中間旁邊，都是一樣甜，人們不可妄自分別。

一個出家修學的沙門，應該擯除世間一切過分的資生物質，及財寶，每日一食，切不可二食，因為食欲，與愛肉體之享受，都能蒙蔽學佛者的慧根而難成道。

六、結　語

本經相當簡要，它只是四十二段語錄而已，但在這些語錄當中，已經指出了修學的要點，不管是世間的修身處世，或是出世間的學道成佛，都有扼要的指導。當然以上的介紹是相當簡略的，有興趣者，必須進一步，直接探討經典的原文，相信會有更多的收穫的。

民國六十五年七月二十五日於松石園

第二章　佛遺教經淺說

一、前　言

佛滅度後，凡是佛陀所說的五時八教，三藏十二部，皆是佛的遺教。而本經是佛陀臨滅度，臨入涅槃之最後教誡，句句懇切，字字血淚，從本經可見出佛陀之苦口婆心，凡是佛弟子，皆應依此遺教奉行。

本經雖是對出家比丘之說法，可是它已經指出了，修行之法則，了生死成佛道之法門，其大義兼及世間法與出世間法，因此不論在家出家，凡我佛弟子，皆應依教奉行。

釋迦牟尼佛成道後，初轉法輪，首先度阿若憍陳如，最後一個度須跋陀羅，所應度者都已度完了，臨入涅槃時，又苦口婆心地說本經，一一告誡諸弟子。是佛陀的最後說法，也是最後一部經。

本經又名「佛垂般涅槃略說教誡經」，是姚秦天竺沙門，鳩摩羅什翻譯成中文的。本經文字雖少，但亦可窺見大藏之要妙。現將內容大意，簡述如下：

二、清淨持戒

佛陀首先告誡弟子，在他滅度以後，必須以戒爲師。因爲戒是正順解脫之本，依戒得生諸禪定，滅苦得智慧。佛家的戒律相當多，在遺教經中，佛指出一些常情最易犯之戒，來告誡諸弟子，能持淨戒。

佛說，不可以買賣做生意，因爲這樣會增益貪心，追求利益，不可安置田產，購置財產，貪圖享受。不得畜養人民，增外眷屬。不得畜養奴婢，增我慢心。不得畜養畜生動物，或貪肥口腹，或供嬉戲玩弄。不得栽種一切植物，以免事多擾心。不得積聚財寶，慳貪不捨。不得斬草木，墾土掘地，破壞自然，有損威儀。

亦不得合和湯藥，不知天命，妄冀延年，殺生充欒，利人害物。不可占相吉凶，看相算命，占卦卜筮，矯言惑人，藉知過去未來之吉凶禍福，邪心圖利。亦不可仰觀天道星宿，推算步量天地之盈虛，藉知人間之災祥安危，如此恐流於邪門外道。

在思想，語言，動作各方面，皆須嚴守戒律。

持身戒有五：

㈠節身：凡佛弟子，當節操自身，約束自身，不可輕浮妄動。自尊自重，高尙品格，貞節其身，則可遠離一切殺盜婬之惡。

㈡時食：時至而食，不得非時食，把飲食做藥石觀，藉食以辦道，不可貪圖口腹之享受。

㈢清淨自活：凡爲佛弟子，必須身心淡泊，清淨自居，不要貪圖名聞利養。

㈣不得參預世事：凡爲佛弟子，必須珍惜光陰，努力精進，了脫生死，不可參與世俗應酬。

㈤不得通致使命：不爲達官貴人，傳達消息，輕賤自己人格。

持口戒有二：

㈠呪術仙藥：凡爲佛弟子，不可學外道符呪仙術，說些惱亂衆生的話。

㈡結好貴人：凡爲佛弟子，不可迎合奉承，攀緣富貴，自輕自賤，說些阿諛逢迎的話。

持意戒有六：

㈠當自端心：當端正身心，自淨其意。

㈡正念求度：遠離一切妄想思維，須知人身難得，佛法難聞，今生不度，更向何生度此身。

㈢不得包藏瑕疵：人非聖賢，誰能無過，知過能改，善莫大焉，如有過錯，應發露懺悔，不得絲毫隱藏。

㈣不得顯異惑衆：不可標奇立異，裝模作樣。

㈤於四供養，知量知足：四供養卽是飲食，衣服，臥具，湯藥。佛弟子爲辦道而受檀越四供養，應知量知足，不可貪求無厭。

㈥趣得供事，不應蓄積：凡爲佛弟子，當知足節量，有餘則轉施衆生不可儲藏。

佛家講究戒律，佛陀臨滅度時，尙一一告誡弟子，要以戒爲師，持戒要淸淨。

三、世間修養

人的五根，最容易迷於五欲之中，而造成種種苦惱，所以五根必須好好管制住，就像牧牛一般，如果牧童稍有疏忽，牛就會去吃別人的苗稼。五根以心爲主人，所以首先要制心，人的心制不住，就像狂象無鉤，猿猴得樹一般，無法禁制。凡爲佛弟子，應折服汝心，克制汝心。

日常飮食，不可貪圖口腹之享受，應作藥石觀，飮食好壞，不應有希求的意念。白天應勤心修習善法，晚上誦經，不可貪圖睡眠，讓一生空過。佛子爲了生脫死，當勤精進，不可懈怠。

人生在世，當修養自心，無令瞋恨，勿出惡言，凡事應以忍字爲本，能行忍者，乃可名爲有力大人，忍之爲德，是持戒苦行所不能及。能行忍辱，則無瞋恚之心，如此方能入道。

其次應消除貢高我慢之心，比丘之理光頭，穿壞衣服，沿門托鉢，天天行乞，乃是要消除貢高憍慢之障。

凡爲佛弟子，亦不可有諂曲之心，不可迎合奉承，拍人馬屁，必須端正己心，以質直爲本。

這是佛陀在本經中，指出對治諸苦，對治諸煩惱的法要，可以把它當做人生的修養。如能做到，亦可成爲正正當當，勇猛精進的人。

四、出世功德

人生在世，欲望多，苦惱亦多，多欲卽是煩惱障。如欲脫離諸種苦惱，必須能知足。能知足之人，雖臥地上，猶爲安樂；不知足者，雖處天堂，也不稱意。不知足者，雖富而貧，知足之人，雖貧而富。語云：「知足常樂」是也。

能知足，才能有出離之心，遠離世間的繁華，閒居獨處，思滅苦本，靜處之人，則受帝釋諸天所共敬重。空閒獨處，當勤精進，修行之心，不可懈怠，否則就如鑽木取火，未熱而息，雖欲得火，火難可得。努力精進，則如小水長流，則能穿石。

修行之人，平日不可忘失正念，若忘失正念，則失諸功德。平日當努力精進，修習禪定，如果得定，則心不散亂，產生智慧，了知世間生滅法相。

修行之人，如有智慧，則無貪著，常自省察，不令有失，能以智慧光照破昏愚，了知見聞若幻翳，三界等空花，凡所有相，皆是虛妄，能如此，方是眞智慧。

修行之人，必須舉止端莊，言不妄發，不可有嬉戲荒謬的言談，虛妄無稽之臆論，舉止動作不可輕浮，妄動。修行人欲求出離世間，當以少欲爲本，少欲則無求，無求則沒有求不得之苦。人到無求品自高，無求則可達知足常樂，遠離世俗，努力精進。不失正念，精進禪定，智慧圓融，捨離亂心戲論，則成就出世功德，當易如反掌。

五、結語

佛遺教經，是佛陀臨入涅槃時，對出家比丘，殷殷指示告誡，其主題，雖是對出家弟子的遺教，但從其內容看，則凡我佛弟子，不分在家出家，如能依教奉行，自可受用不盡。遵其教義而行，不但可長養世間品德，亦可成就出世功德。凡爲佛弟子，理應勤讀「遺教經」，時時反省自己，檢討自己的身語意，是否有違背佛陀之遺教，如此當可保自己之精進心。

民國六十五年八月二十七日於松石園

第三章　八大人覺經淺說

一、前　言

四十二章經，佛遺教經，八大人覺經，是佛法流傳到中國，最早的三部經典。這三部經，字數都不多，八大人覺經，只有三百八十六字，言簡意賅，針對現實人生，指出修行之途，是國人在家學佛，經常受持的經典。

八大人覺經，指出八種諸佛菩薩覺悟的道理，吾人若能依此而修，乃可漸證入佛菩薩位。

八大人覺經，是後漢沙門安世高翻譯成中文的。安世高，是波斯國人，在我國二十餘年，是我國佛教經典初期翻譯史上的第一人，所譯經典，計有二十九部，一百七十六卷，堪稱佛法初入時，譯經之冠，其所譯經文，亦平實允正，高僧傳云：「文詞允正，義理明晰，辯而不華，質而不野，使人披讀，亹亹而不倦焉。」

二、無常無我　常修少欲

無常是佛教人生觀中之基本觀念。金剛經云：「一切有爲法，如夢幻泡影，如露亦如電，應作如是觀。」世間的事物，都是沒有實體，不能永存的？無情的器世間，有成住壞空的變化，有情的生命，亦有生老病死的演變。

世間的萬事萬物，無時無刻，不在刹那變化，遷流不息的。人身是由五陰積聚結合而成的，並沒有永恒的我，因緣和合而生，因緣離散而滅，整個宇宙人生，無非如此而已。所以，我們只要把人生作一番探討，細細的去審察，就可體會宇宙人生的如幻如化，虛僞無實，是無常，是無我，是苦空而已。

無常無我的觀念，可說是佛教宇宙觀，人生觀中的一個基本概念，所以諸佛菩薩，首先覺悟的，就是宇宙人生的無常無我，而後方能出離生死苦海，獲得解脫。

既知宇宙人生爲無常無我，就應立志出離生死苦海，而覺悟多欲爲苦。古德云：「財色名食睡，地獄五條根，五欲若不除，塵勞不可出。」生死確以貪欲爲本，人生的一切痛苦，都是由貪欲而來。

既悟多欲爲苦，就應常修少欲，降低欲望，欲望越多，痛苦越多。知足的人，雖臥地上，猶如天堂，不知足的人，雖處天堂，亦如地獄。所以，少欲無爲，身心自在。古人云：「事能知足心常愜，人到無求品自高」，正是此意。

三、知足守道　常行精進

既然多欲是苦，但衆生慾壑難填，無饜足地追求世間的一切，因此造出種種罪惡，使罪惡一天天地增長起來。可是發菩提心的菩薩，就不如此了，絕不會因少得，而生悔恨之心，時時感到知足。遺教經云：「知足之法，卽是富樂安穩之處。知足之人，雖臥地上，猶爲安樂。不知足者，雖處天堂，亦不稱意。」

唯知足能安貧，安貧而後能守道，無欲無營，不妄求世間的財物，只依智慧而修習一切道業。凡夫心無厭足，惟得多求，故增長罪惡。菩薩常念知足，安貧守道，故惟慧是業。

常人容易放逸身心，懈怠墮落，造成人生的空虛病態，終日因循苟且，得過且過，虛度人生光陰。惟菩薩覺悟，應當常行精進，勇猛不退，勤於修善斷惡，勇往直前，破除一切煩惱罪惡，以智慧之劍，破除八萬四千煩惱賊。勇猛精進，才能摧伏煩惱魔，五陰魔，死魔，天魔等四種魔障。吾人若能破除煩惱惡，並摧伏四種魔障，便能跳出五陰三界的牢獄，不再受輪廻之果報。

四、多聞智慧　布施平等

人生一切苦惱，皆從無明而起，凡夫因愚痴無明，而有生死。不瞭解諸法的眞實性相，事理，而妄執著一切是實有，就是無明愚痴。有無明才有行、識、名色，乃至老死憂悲苦惱。欲滅生死，先滅無明。

菩薩知道無明愚痴，是生死的根源，所以常想，如何廣學多聞，增長自己的智慧，以智慧之光，照破無明黑暗。菩薩不但廣學世間法，且多聞出世間法，成就辯才，教化一切衆生，使人們從生死苦海中脫離，這是菩薩自利利他的精神。

菩薩的大悲心，能平等布施，以利生爲懷，其布施之對象，無怨親之別，沒有分別心，不念舊惡，不憎惡人。菩薩所要度化的衆生，不論過去，是否罵我，辱我，欺我，殺我，打我，現在皆不念舊惡，以德報怨去度化他。

我們人生在世間，一切貧富壽夭，富貴窮通，各有因緣，根本不必怨天尤人，但許多貧苦之人，不明其中道理，在貧苦的環境中，常生起種種怨恨心。上怨天神，罵神不靈；下怨世間，嘆世間無情，橫結惡緣。但是菩薩能行布施，解除貧困者的苦難，以自己的財力物力，公開給予需要的人，使他人得到受用。像這樣，就是菩薩的行爲。

五、出家梵行　大心普濟

世人多貪圖五欲之享受，五欲本不爲過，但因衆生不知節欲，故有過患，吾人應隨時知足，不可過份貪求，以免招致無窮禍害。

學佛之人，心恒清淨而不染，雖身爲在家之俗人，亦不染世俗之欲樂，故能常念，出家弟子所披之法服，瓦鉢、法器，如此，當能增長道心，久而久之，因緣成熟，自然自願出家，離開在家的生活，而修學無爲解脫之道。

出家後當守清淨的戒律，遠離欲樂，求出生死苦海。自己修道有成就，還要慈悲一切，拔除衆生之苦，以衆生之樂爲樂。

衆生在生死流轉中，循環不息，其生不知從何而來，其死也不知從何而去，在生死之流中，有無量之苦惱。菩薩之發心，是要救度一切衆生，普濟一切衆生，「地獄不空，誓不成佛，衆生度盡，方證菩提」。願代衆生，承受無量之苦，而使衆生得到畢竟大樂，這是多麼偉大的精神。

六、結　語

本經的主旨，是教人知世間苦、空、無常、無我，由此漸離生死，終至永斷生死。本經告訴我們，諸佛菩薩的八種覺悟。第一覺悟世間無常無我，第二是多欲爲苦覺，常修少欲覺。第三是心無厭足覺，知足守道覺。第四是懈怠墮落覺，常行精進覺。第五是愚痴生死覺，多聞智慧覺。第六是貧苦多怨覺，布施平等覺。第七是五欲過患覺，出家梵行覺。第八是大心普濟覺，生死熾然苦惱無量覺。

這是諸佛菩薩，徹悟宇宙人生的眞理之後，便以精進心去力行菩薩道，實踐普濟衆生的眞精神。在本經中，實已指出聲聞乘的四諦法，及辟支佛的十二因緣法，以及菩薩的六度萬行法，皆在本經中透露。

本經已將世間與人生的眞面目揭示出來，而且已指出一條修行之路，吾人若能從此悟入，發出離之心，必能了脫生死，常住快樂。

本經是佛之善巧方便，應病與藥，從人乘本位出發，導人正信，啟人發大心。文約義豐，實是佛弟子最易受持之經典。

民國六十五年九月十七日於松石園

第四章　妙慧童女經淺說

一、前　言

妙慧童女經，是大寶積經中的一卷。大寶積經有四十九會，一百二十卷，七十七品之多。四十九會，卽是釋迦佛，召集大衆聚會說法，說了四十九次。妙慧童女經，就是一百二十卷當中的一卷。所以全名應叫「大寶積妙慧童女經」。

妙慧童女，是這部經的主要人物，他與釋迦牟尼佛，文殊師利菩薩，大目犍連尊者，互相問答，然後把這些問答的內容記錄下來，就成了這部經典。妙慧是他的名字，因她年紀小，只有八歲，所以叫童女，他是經中的主要人物，因此，把這部經稱做「妙慧童女經」。

本經的內容，是八歲的女孩子妙慧，向釋迦牟尼佛提出十個大問題。諸如，我們人們，怎樣才能得到好的容貌，怎樣才能富貴長壽，怎樣才能獲得自在神通，怎樣才能無怨，去除法障，魔業，如何才能成佛等等問題。佛陀藉著妙慧童女的啟問，而指示了四十種菩薩行。

從這部經的內容，我們可以看出，這是人間佛教的眞精神，佛陀指出，人生的因果原理，透過自利利人的菩薩行，才能建設幸福美滿的人生。我們人生的願望，所追求的一切美好的東西，爲什麼有些人可以達到，有些人達不到呢？原來其中是隱含著因果道理的。

這部大寶積妙慧童女經，是在唐朝的時候，有一位北印度的法師，叫做菩提流支的，他奉著皇帝的命令，把這部經譯成中文的。

現在謹將本經之大意，介紹如下：

二、妙慧童女的十個問題

妙慧是個聰明美麗的小女孩，由於他在過去世，無量諸佛的座下，親近諸佛，供養諸佛，所以他的智慧和福報，都是無量無邊的。佛陀藉著妙慧童女所提出的十個問題，開示了人間修行之路，透過四十種菩薩行，可以建設人間美滿幸福的人生。

①如何能獲端正容貌

妙慧童女的第一個問題是，用什麼方法，才能夠獲得端正的身體。愛美是人的天性，如果人一生下來，不能得到端莊的容貌，端正的身材，的確也是遺憾的事，我們觀察人類，個個容貌不一，美醜不定。所以，如何得到端莊的容貌，端正的身體，實在是令人關心的問題。

佛陀對這個問題，提出四個方法，可以滿足這個願望。第一、不起瞋心。所謂一念瞋心起，百萬障門開。就是告訴我們瞋怒之可怕，所以佛陀要我們學習忍辱。即使是惡友的無理侮辱，亦不可起瞋恨之心。第二、住於大慈，應慈愍衆生，一切衆生，佛性平等，應給衆生快樂，不應使衆生苦惱。人受苦惱，和我受煩惱是一樣的，所以要以大慈之心，來對治瞋恨之心。第三、深樂正法，佛法是宇宙的眞理，要能深信受持。第四、造佛形像，佛像是要讓弟子供養，瞻仰，禮拜。我們供養禮拜佛像，是要使我們心心念佛，心心作佛。衆生的佛性，要藉外緣的引發，才能成熟，所以造佛形像之功德甚大。

不起瞋心，住於大慈，這是高度的人生修養；深樂正法，造佛形像，是崇信佛法；如能種下這些善因，當可得相好端正之善果。

②如何能獲大富貴身

妙慧童女的第二個問題是，怎樣才能夠得到大富貴身呢？如果光是得到了端正的相貌，可是過的日子，卻是貧窮下賤，這樣的人生，也是不美滿的。所以有錢有地位，也是一般人追求希望的目標，那麼如何才能達到富貴的要求呢？

佛陀又提出四個方法，可以讓我們得到富貴身。第一、應時布施，在適當的時機，應該即時布施。第二、無輕慢心，在布施的時候，不可看不起對方，必須尊重對方的人格。第三、歡喜而與，布施時須高高興興地布施，毫無勉強之意。第四、不希果報，布施助人，不可希求人家的報答，或存著希求菩薩保佑的心理。行布施的善因，得富貴的果報，這是因果的必然律。

③如何使眷屬長聚少病

妙慧童女的第三個問題是，怎樣才能使眷屬不沮壞，怎樣才能消除眷屬的不和，多病，生離死別呢？那一個人不希望夫妻、父母、兄弟姐妹、兒女、能够長久團聚，不要中途離散呢？

佛陀提出了四個方法：第一、善能棄捨離間之語，對於挑撥是非、離間感情的言語，必須完全拋棄。第二、邪見衆生，令住正見。對於那些知見不正的人，要讓他們瞭解佛法，破除無明，獲得正知正見。第三，正法將滅，護令久住。在正法將要滅去的時候，要設法護持，令他能久住於世，使有善根的人，在黑暗中得到光明，苦海中得到舟航，使不信的人知道有佛法。第四、教諸有情，趣佛菩提，佛陀的願望，是要每個有情，都修行成佛，離一切苦，得究竟樂。只要能做到這四點，就能使眷屬長聚，不中途離散。

④**如何能够坐寶蓮華成就佛道**

妙慧童女的第四個問題。用什麼方法，才能夠成佛，和你一樣的坐在大寶蓮華之上呢？

佛陀指出了四個方法，可以達成這個願望。第一、必須經常以清淨的香、花、果，供養諸佛菩薩。第二、對於人類以外的動物，甚至連草在內，不可隨便加以損害，侵害他人生存的權利。第三、要造佛形像，供人供養禮拜。第四、對於佛陀所成就的大菩提，要能信仰。修了清淨的因，得了清淨的果，自然能化生於千葉蓮華之上，親近供養諸佛世尊。

⑤**如何能够獲得神通自在**

妙慧童女的第五個問題是，用什麼方法，能證得自在神通，自由自在地徧往十方世界，禮敬諸佛。

佛陀指出四個方法，可以達成這個願望。第一、如果見到他人行善，不可去障碍他，惱害他。第二，對於他人在宣揚佛法時，不但不可故意留難，故作障碍，而且要加以護持才好。第三，要燃燈供養佛塔。第四、對於各種禪定，要勤勞修習，因禪定修成，可以引發神通。如果這四件都做到了，當可隨心所欲，自在遊行了。

⑥**如何能避免與人結怨**

妙慧童女的第六個問題是，在這複雜的社會裏，人與人之間，怎樣才能不發生怨仇呢？

佛陀說，第一、要以直爽的心腸，親近善友。第二、對於他人，成功得意的好事，千萬不可有嫉妬心。第三、別人成功了，得到了好的聲名，我們應常常爲他歡喜。第四、要尊重菩薩行，不可輕易毀棄菩薩行。只要能做到這四件事，人與人之間，自然不會結怨仇。

⑦如何能獲得別人的信受

妙慧童女的第七個問題是，用什麼方法，能夠使我說出來的話，受到別人的信受。

佛陀認爲一個人說話，要取得別人的信仰，必須具備四個條件。第一、發心修行的人，嘴裏說的，要和行爲的表現互相呼應。第二、在有道有學的善友面前，應坦白發露自己的罪惡。第三、對於所聽的佛法，應虛心接受，不可吹毛求疵。第四、對說法的法師，亦不可存有破壞的惡心。

⑧如何在宏法時不受障碍

妙慧童女的第八個問題是，宣揚佛法時的障碍，如何才能不會發生。

佛陀說，第一、佛弟子一方面自己謹守戒律，使人格高尚；一方面累積善行，生起衆生的信仰，自然可利益衆生。第二、對於佛陀所說的道理，不能因我們未能證得，或見到，而加以誹謗。第三、不可輕視初發心的菩薩，應以佛的心腸，看他和佛一樣。第四、要平等對待一切衆生。這四點做到了，就不會遇到法障了。

⑨如何控制自己不起煩惱

妙慧童女的第九個問題是，如何才能控制自己的心理，使他不起煩惱，不造作殺盜淫妄的魔業？

佛陀認爲，第一、要了知法性平等，自然不會有貪、瞋、癡、愛，或是非爭鬪的發生。第二、要有精進心，集中精神，向前邁進，百折不回，自然不會造魔業。第三、要時常念佛，不要把佛陀忘了。第四、所有的善根，都要回向，不是爲個人，而是爲了一切衆生，最後的目的是要成佛。只要自己不造魔業，當不會遭遇魔事。

⑩如何獲致生死的把握

妙慧童女的第十個問題是，有什麼方法，人們在命終以後，能自己有主宰，一直去拜見十方諸佛，不受生離死別的苦惱呢？

佛陀提出了四個方法，第一，如果他人有所需求時，應盡量普遍地佈施，使人人皆能滿足欲望。第二、對於佛陀所指示的善法，應有深刻的認識，並有信仰心。第三、要經常以莊嚴的飾品，裝飾菩薩。第四、要時常供養三寶。如此，當可滿足願望。

三、文殊菩薩的啓發八問

妙慧童女，聽了佛陀的開示，聞悉了四十種菩薩行之後，發願依教奉行。妙慧童女的願力相當大，自信在不久的將來，可以和釋迦牟尼佛一樣的成佛。

文殊菩薩，對於妙慧童女所發的成佛大願，表示懷疑，所以很不客氣的詰問妙慧童女說，你到底得到了什麼法，有什麼把握，發這樣的大願？妙慧童女一開口就將他的問題道破，反責文殊菩薩不該這樣發問，因爲諸法的眞理是無住的，金剛經云：「應無所住而生其心」即是。

文殊菩薩接著又問：「什麼是菩提？」妙慧童女回答說：「無分別法，無分別智、就是菩提智慧，就是無住心體上照了一切事理的作用。」接著，文殊菩薩又問：「那麼，什麼是菩薩？」「能發犧牲自我的大心，能度一切衆生，而不自以爲有功德，就是菩薩」：妙慧童女說，「能把一切諸法，就是眼前的事事物物，如聲、色、貨，利足以使人起貪愛的東西，以及心理方面的胡思亂想，等等，都把它看得和虛空一樣。能做到這種境界，就是菩薩。

文殊菩薩又問了第四個問題，「如何可名爲菩提之行？」妙慧童女說：「以菩提智慧爲出發點，所做出來的度生事業，雖然成就了度生事業，也要把他看得如陽焰、谷響，不自以爲有功。」

文殊菩薩看到，妙慧以一個童女，能發這樣大的願心，懂得這些大道理，文殊菩薩懷疑他是得到了什麼秘訣？妙慧童女說，他並沒有見到秘密，也沒有見到不是秘密。因爲發菩提心，行菩薩道，是頂天立地的事，毫無秘密可言。

文殊菩薩又問：「那麼，照這樣說，天下的普通人，也就是菩薩了。」「菩薩與普通人，只是發心與不發心之差別而已，在心體上並無不同。所以，」妙慧童女就說：「你難道把菩薩和普通人，看成二種人嗎？這是不對的，菩薩與凡人，只是發心之不同而已，發了菩提心，沒有取到什麼？不發菩提心，也沒有失去什麼？這是無成無壞的。」

文殊菩薩至此，已很佩服妙慧之智慧，所以又問：「既然凡人與菩薩，在心體上是沒有差別的，那麼能了解這甚深道理的，到底有多少人呢？」

妙慧童女答得妙，他說：「就像若干幻化人心心所的數量，既是幻化人，當然不可以數量來計算，就像我們的妄心，一天到晚，不知動了多少妄念，實在無法計算。凡是幻化的衆生，都可以理解到這個意思。」

文殊菩薩又問：「幻化衆生，本來就沒有實體，那裡來這許多心心所法？」妙慧童女說：「法界性體的本身，和證得法界法性的如來，也都是幻化的。幻化是似有若無的，衆生的心心所法，皆是隨善業惡業的幻現，本無實體可言。」

文殊菩薩的八重問題，並不是他不了解，而是借機發問，啓發在會大衆能深入佛法，所以，與妙慧童女，才有這八重問答。

四、結　語

我們可以看出妙慧以八歲小小的年紀，就有無邊的智慧，以及莊嚴的相貌，這決不是偶然的，當然有他的善因，所以佛陀說，妙慧童女，早在過去世就發菩提心，而且已經經歷了三十劫，他的發心，比釋迦佛還要來得早，他是一位了不起的菩薩，在不久的將來，就會成佛的，他的佛號叫「殊勝功德寶藏如來」。

從這部經，我們可以看出，人間的福報智慧，也是靠修行而來的，世間的苦樂，皆有其深密的因果關係，欲得善果，先種善因。種什麼因，得什麼果，在本經裏，也指出了因果間的關聯，提供了四十種菩薩道的行爲，這是人生的最高修養，與學佛之路。想要獲得人生的幸福美滿，遵照本經所揭示的方法來做，決定無誤。

民國六十五年十一月十二日於松石園

第五章　善生經淺說

一、前　言

佛說善生經，是以倡導人生正行爲宗旨的，尤其重視改善一切衆生的關係。本經在五乘佛法中，是屬於人乘法，也是根本佛法，因爲人爲苦本，昇沉由人，欲滅苦本，首要發揚人生正行，從淨化自己的身心中，消除一般苦厄的來因，培養一切幸福的樂果。

善生經，是佛陀爲一個在家青年男子，名叫善生，所說的法。善生雖是這位居士的名字，同時也是指本經所說的內容均是善生的法義，開示人生正行，消滅惡法，使善法生長，用以美化人生，所以善生不僅是居士的名字，同時也是攝持經中一切善法的總稱。

如果人們能依本經如實去修，當可消除現生的苦厄，增長人生的福樂，建設幸福美滿的人生。人生正行的圓滿，卽是生天的善因，此生壽終，卽能生天上，所以本經不僅是人生的人乘法，同時也兼有天生的天乘法。

本經是在東晉時，從罽賓來中國的一位僧伽提婆翻譯成中文的，佛典中的六十卷之中阿含經與五十一卷之增一阿含經，即爲其所譯，本經即是出于中阿含經大品中。譯者華言叫衆天，生來抱負不凡，譯經有百萬言，對中國佛教貢獻甚大。

二、說經因緣

善生的父親，生平有宗教信仰，一向都以禮拜禱告六方衆生，作消災祈福的行持，所以在他臨終的時候，也希望他的兒子成爲善良的人，所以遺命善生，希望善生在他父親死後，也能恭敬地向東方、南方、西方、北方、下方、上方，六方衆生恭敬禮拜。善生毫不猶疑地接受了他父親的遺命。

善生是個尊重孝道的青年，在他父親逝世後，就遵照父親的遺命，在早晨起床後，沐浴更衣，穿上新的蔴製的衣服，手上拿著新生的拘舍葉，到蝦蟆林的水邊，極其恭敬地向六方禮拜。

這時世尊正住在王舍城外的竹園精舍，淸晨拿著衣缽，也準備到王舍城行乞，正當世尊在走向王舍城的時候，看到善生正在那裏禮拜六方。

世尊就問善生，是信仰什麼宗教，受誰的教化而禮拜六方。善生回答說是受父親的遺命，並不知禮事六方的來歷與功用何在。

善生的禮拜六方，只是一種孝行的表現，並不知這樣的禮拜，會有什麼效果，只是流於形式而已。佛陀深深地感到善生的純潔與天眞，立即爲他開示善生法門，只要能分辨六方，誰是該禮敬，誰是不該禮敬的，把禮敬的對象，分別地弄明白之後，才有意義，否則只是盲禮瞎敬而已。

本經就是在這種因緣之下，佛陀爲善生居士，開示了善生的法門。

三、泛說善不善法

佛陀向善生開示，要禮拜六方，不但要能善知分別六方，而且要能於一切地方，離去身心的惡行，不作不善業垢，才會有功德，如此在現世就會受到世人的敬仰與尊重，得到幸福美滿的人生，臨命終時，可以生到天上，享受天福的美果。

佛陀立即爲善生開示，什麼是四方惡？什麼是不善業垢？如何才能離去？這也是善生居士想知道的。

1. 說四業穢：

從世間一般衆生來觀察，存在於世間衆生，有四種造作的業，是不善的惡業。第一種就是殺生，殺害一切有生命的東西。上天有好生之德，衆生有愛生惡死之情，人類爲了利己損人，而殺生害命，破壞衆生生存的秩序，形成怨氣，危害人間和平安寧，所以罪惡甚大。

第二種業穢是不與取。不與取，就是不與而取，是偷盜的意思。將別人的財物，用劫奪、侵佔、偷盜的方法，強佔爲己有，這是極不人道的行爲，雖然不是直接殺害衆生，但已經間接危害到衆生生存的權利，所以是惡業。

第三種業穢是邪婬。邪婬，是指非夫婦，超人倫男女之間苟且的行爲。世間衆生有非禮越法的邪婬行爲，不僅破壞倫常，造成家庭糾紛，亦且形成人類社會的紛爭，危害到人類社會秩序的安寧。

第四種業穢是妄言。妄言，是指不誠實的話，包括了哄、騙、嚇、詐、花言巧語，挑撥離間，兩舌惡口等皆是。由於妄言，能使衆生邪正難分，黑白顚倒，能使衆生離心失和，危害衆生身心生命，導致人類社會秩序的混亂，所以是惡業。

這四種業穢，是衆生中常見的事實，這四種惡業，能使衆生受苦，是有智慧的人，應該拋棄的。

2. 說四罪福：

上面所說的四種業穢，是衆生表現在外在的身體與語言的行爲，但是爲什麼會有這樣的行爲呢？這是因爲他的內心有四種煩惱心情，所以才有殺盜婬妄的業行，佛陀爲了讓善生，更進一步的了解身心與罪福的形成，所以又開示了四罪四福的業行。

第一行欲。

行欲，就是貪欲的活動，這是最重要的造罪心理，行欲便成多罪，可導致殺盜等惡行。貪欲的活動，範圍極廣，內而身心，外而世界，都可成爲愛著的對象。

第二行恚。

恚，即是瞋恚，伴隨著欲望，守衞著貪欲，因欲望得不到滿足，而產生的心理活動。瞋恚，不但能破壞他人的一切作爲，而且能毀壞自家身命。

第三行怖。

怖是恐怖，在欲望無法達成的時候，做出令人恐怖的行爲，來達成目的，以各種恐怖手段，使衆生苦惱不堪。

第四行痴。

對於一切事理認識不清，就是愚痴。這是最根本的造罪心理。人類的一切惡行，都由痴心的活動而造成的。如無痴心，衆生間的欲、恚、怖心之表現，皆在理智控制下，受到約束，不致偏激地造成一切罪惡。

以上四種內在的心行，是衆生一切罪惡的根源。如果能夠把這四種心行去除，那就成爲人間的善人，可以得到多福。不行欲，則少欲知足，身心泰然，消除人我之爭，增進社會安寧。不行恚，則可長養人類的善法功德。不行怖，則身心安寧，和樂安詳。不行痴，則智慧增長，對事理能明白認知。人類能造福，也是由這四種心理因素所造成的。

3. 說六非道：

以上佛陀開示了人類道德生活的根本善行，接著爲善生提出了，建立人生經濟生活的正行，俾與根本道德生活相輔而行，人類如果不把經濟生活處理得很好，道德的善行是很難建立起來的。

①種種戲求財物者爲非道

以種種遊戲的方法，如賭博、競賽、猜謎、抽獎等方式，作求財物的方法，這是不正當的方法。如果以這種方式去求財，會得到很多災害與患難。像這種喜好戲博的人，賭輸了，心生煩惱，會怨恨他人，有時心有不甘，有恥辱的感覺，造成心情煩燥不寧，睡眠都得不到安寧。像這樣輸去財物時，怨家會幸災樂禍，而親眷則躭憂不安，對衆人失去信用，造成內心的痛苦。

②非時行求財物者爲非道

作息沒有規律，或者顛倒晝夜，非時行的求財，也不是正道。非時行求財，會有六種災患。因作息沒有規律，生活秩序亂了，有傷身心。非時出入，耗費增多，不能保有財物。非時之行，妻子多嫌惡，影響家庭之和樂。早出夜歸，令人懷疑有不軌之圖。而且非時之行，能遭遇意外，破財損身，疲勞致病。非時之行，常被人視為不務正業。

③飲酒放逸求財物者為非道

以請人飲酒作樂，從中圖利，這不是正當的求財之道，所以會有六種災患。不論是自飲，請人飲，陪人飲，都要耗費現有的財物。酒含毒性，會傷身體。酒能亂性，容易起紛爭。酒後失言，容易洩漏機密。飲酒放逸，人不稱譽，也不愛護。酒令人昏，滅慧生痴。

④親近惡知識求財物者為非道

為了求財物，而去結交壞朋友，這不是正道，所以會有六種災患。親近沒有正知正行的人，等於親近賊一樣，是會受害的，是要被欺騙愚弄的。惡知識的言行，就是像醉漢一樣，是放蕩，為所欲為，不受禮法的控制。與惡知識在一起，學會嬉戲，擺脫不開，永遠受其害。

⑤常喜妓樂求財物者為非道

常常喜愛娼妓歌舞，以之作為求財之道，也不是正道，所以會帶來六種災患。喜歡到歌聽聽歌，耗時耗財。喜歡跳舞，不務正業。喜好音樂弄鈴，喜拍兩手，喜大聚會，會損財損志。

⑥懶惰求財物者爲非道

懶惰不耐勞苦的作爲，去求財物，如何能如願以償呢？所以會有六種災患。懶惰的人，早晨貪睡，晚上早睡覺，早晚不工作，天氣太冷太熱不工作，肚子太飽、太餓都不工作，像這樣不耐辛勤，以這種方式去求財，當然不是正道。

佛陀爲淨化世間，改善人生，廣說非求財之道，以正常的經濟生活，鞏固人生道德的基礎。

4.說四非親：

佛陀爲使善生知道師友在生活與行爲中，有其密切的關係，所以詳述世間師友的善惡，以作親近時選擇之依憑。

①知事非親似如親

知事，卽是善知人事，深知世故，以之謀取利益，使人不覺而受損害。以小惠施人，博取信任，而從中奪取大利，就是以少取多。或者僞裝誠惶誠恐，與人相親，使人誤爲可信可敬畏，而從中取利。或者習人所習，順人所好，于同好中，討人便宜。

②面前愛言非親似如親

在人的面前說些人們愛聽的話，像溫存、體貼、愛護、慰問、讚美等話語。在人之面前說好話，在背後又說人之壞話。世間這類人，比比皆是。

③言語非親似如親

有些人愛說言不由衷的話，口是心非，言語不眞誠，如見人過，不肯直說，見人善行，反作譏譭。

④惡趣伴非親似如親

惡知識與人爲伴，專教人學習戲博，放逸玩樂，教人飲酒作樂，教人遊蕩，不分晝夜。與惡知識爲友，自然會同流合汚，造作惡業。

以上這四種人，都是不可親近的。

5. 說四善親：

那麼，什麼樣的人，是可以親近的呢？

要能與人同甘共苦，能爲人捨身，能仗義疏財，解人危急，不作損人利己的行爲，且爲救人，妻兒亦能捨之。能有寬容的雅量，能互相諒解錯失，接納忠言，像這樣的人，是善人，是可親近之人。

第二種人，是有同情心，見有危急，能仗義相助，能引導人做善事，能制止作惡的行爲，能表揚別人的善行，能代人消除仇恨。這樣的人是好人，是可親近之人。

第三種人，處處求有益於他人，見他人得利，心生歡喜，自己不貪利，所以無利可得，亦不憂惱。這也是善親之人。

第四種人，常以善法益人，凡人求助，無不盡力以赴。時時存心利益他人，關心他人生活之安危，財物之有無，友人財物用盡，當以財物濟人。見到友人放逸不務正事，就忠直勸諫，使其改邪歸正。像這樣的人，是善人，是好人，是可親近之人。

明白了善親與非善親的分別，就知道如何去親近良師益友了。

四、正明六方四攝

善生居士的禮敬六方，只是秉承父教，並不了解禮敬之意義，所以佛陀特別廣說六方善法。

佛陀說東方喻如父母，禮敬東方時，要觀照子女奉敬供養父母之道。子女受恩於父母者最多，長大後，當爲父母增益財物，負起家庭的責任，爲父母分勞，分擔工作。父母所需的資身之物，如食衣住行，要盡力供奉。而且要服從父母的意志，如有私人財物，亦應奉給父母。

為人父母者，時時愛護子女，子女之所需供給不缺，為子女辦妥嫁娶，這些都是父母的辛勞。為人子女若能慈孝父母，當可增益幸福。

南方喻如師長。人生在世，不但有賴父母的生養，也需師長的教導，弟子對待師長，要恭敬順從，師長有命，弟子當義不容辭地承受辦理。無論在任何地方，見到師長，要速起相迎，弟子的所作所為，應遵從師長的教導，師長有困難，應贈送財物相助。

弟子親近師長，是為學習技能，用作立身處世，所以教授弟子應把握時間，從速教導，而且盡其所知所能地傳授弟子，而且要教導做人處世、交友之道。

西方喻如妻子。丈夫應時時憐念妻子的辛勤，禮待妻子，相敬如賓，信任妻子處理家務，這樣必能增進夫妻恩愛之情。

妻子要愛敬丈夫，為夫治理衣食，時時體念丈夫的辛勞，細心管理家務，對丈夫的內親外屬，都應禮敬不慢，誠實對待。而且應供養沙門梵志，為家庭納福。

北方喻主僕。主人對待奴僕，要讓他做能力範圍以內的事，要讓他吃得飽、穿得暖，給予適當的休息機會。

僕人做事要按時，專心工作，忠於主人，主人有急難，不要遠離不相顧。

下方喻親友。親友間的交往，應當愛敬，不輕慢，誠實無僞，有危難時，應該互相照顧。

上方喻施主與沙門梵志。施主應知在沙門行乞時，門前不設禁制，見到沙門，歡迎讚美，恭敬招待沙門，布施的飲食，要淨美豐饒，護持如法修行的沙門。

沙門受到施主的禮敬，當爲施主說法，教導禁戒，教其博聞，增長慧解，要教人布施修福，開示教義，令施主修學智慧，建立人生之正行。

人生在世，不管是誰，都要與六方人事，發生直接關係，所以是人人所當學的人生正行，能依此六方禮敬法，如實觀照，則可成就人生的善德，增長人生之福樂。

除了六方當禮敬外，廣大的人羣，亦應有和諧的關係。所以佛陀又爲善生開示四攝善法。就是要常行惠施，以財物、善法、無畏，惠給人羣。要說溫柔關心的話語，以增進人羣的和樂。不要專爲自己打算，不作損人利己的事。人與人之間，要相親相愛，尊重他人的利益，才能消除人我之爭。

五、結　語

太虛大師說：「學佛需從做人做起」，本經所談的法義，完全是做人的道理，舉凡待人處世，與人交往，拜師擇友，與人共事的方法，皆有相當明晰的說明，所以本經可當作吾人立身行世的指針。

如果人人都能按照本經所揭示的要點，確實去做去行，那麼一定可以改善人羣的關係，建設幸福美滿的人生，這樣的社會，也一定是個和樂安寧的社會。

民國六十六年一月十三日於松石園

第六章　玉耶女經淺說

一、前　言

玉耶女經，是在家女子必讀的一部經典。在這部經中，佛陀分析了世間婦女的各種類型，指出了婦女應如何對待夫婿，侍奉公婆的原則。

這部經是佛陀專爲一位叫玉耶的女子，所說的經，所以定名爲玉耶女經。玉耶女是給孤獨長者的媳婦，是個非常美麗的女子，但是她一點都不懂得孝侍翁姑，親敬丈夫的道理，一天到晚，打扮得濃裝艷抹，只知貪玩，而不知處理家務，且生性憍慢，不懂婦禮。娶到這樣的女子，的確令人傷透腦筋，給孤獨長者兩老夫婦商量的結果，認爲只有佛陀能夠感化她，所以決定邀請佛到家中來爲玉耶女講經說法，令心開解。

佛陀很慈悲地答應接受給孤獨長者的供養，到家中爲玉耶女開示法要。當佛陀吃飽了飯，衆人都來禮佛聽經，只有玉耶女躲在房間裏，拒絕出來拜見佛陀，弄得給孤獨長者非常生氣。

佛陀非常慈悲，知道像玉耶女這樣憍慢的人，唯有用神通的力量，才能感化她，所以佛陀只好施展神變力量。突然震動一聲，就在這一刹那，屋內的東西，不論牆或壁，已全部變成透明，像琉璃水晶一樣內外透明，沒有障碍，玉耶女雖然躲在一角，也被看得淸淸楚楚。

此時玉耶女的內心有著無比的驚恐，她也看到了佛陀的三十二相，八十種好。這時她覺悟了，佛陀的確不是凡人，是値得恭敬禮拜的。所以，玉耶女改變了態度，慢慢地走出來禮敬佛陀，在佛陀面前，低頭合掌，不說一句話。

一向自恃美麗，憍慢頑固的玉耶女，受到佛陀的感化，已經有了一百八十度的轉變，所以也能够接受佛陀開示的法義，重新做人。

二、女人十大缺憾

佛陀告訴玉耶，如果恃著美容，輕慢丈夫和家人，這便不是眞正的美了，眞正的美是心端行正，是要去除心理上種種的邪念，汚垢的心理完全洗淨了以後，整個心是潔淨如蓮花，才能顯出眞正的美。

佛陀又開示了，做爲女人的十大缺憾事，自己並不自覺。

(1)初生下地的時候，因爲世人大多重男輕女，故多數不被父母喜愛。

(2)因爲不被父母喜愛，自然在養育之時，受到種種輕視。
(3)身爲女子，在心裏常充滿了畏懼他人之心。
(4)做父母的，也時時刻刻爲了女兒嫁娶之事躭心不已。
(5)長大的時候，因須嫁人，不得不和父母離別。
(6)常常畏懼夫婿，處處要看丈夫的臉色。
(7)懷妊時受到種種痛苦，難產猶甚。
(8)幼年時處處受父母支配，父母不放心。
(9)中年又受夫婿的牽制，無法自由。
(10)老年又受不孝子女的刺激。
身爲女人，在一身中，時時受這十種惡事牽制，但女人並不自覺這十種憾事。

三、女人之五善三惡

玉耶女漸漸覺悟了，有了悔過之心了，所以恭敬地請求佛陀開示，女人要如何守持婦道。

佛陀爲說關於婦人事奉姑嫜夫婿，有五善，那就是：

(1)早起晚睡，心裏要常存著恭敬心。
(2)丈夫偶或呵罵，得盡量忍讓，不生瞋恨不平之心。
(3)無論何時何地，不可懷有邪淫的念頭。
(4)常願丈夫長壽無病，設使丈夫外出，當在家中料理家務，而無怨尤。
(5)時時刻刻深深地念著丈夫的優點，好的地方，而不記丈夫之缺點。

一位善良的婦女，能嚴守婦道的女人，大概都能做到以上五點。如果不能做到這幾點，那就不能成爲賢妻良母，無法盡到修身齊家的責任，甚至流於三惡的地步。所以佛陀在五善之外，又開示了三惡。所謂三惡，那就是：

(1)日出不起，未暗先歇，丈夫稍一呵教，便怒目待夫。
(2)不以一心向夫，卻在心中念著其他男子。
(3)甚至欲丈夫早死，以便另行再嫁。

玉耶女聽了佛陀的開示，心中難過極了，五善她並未做到，且犯了三惡中的二惡。她不是常常怒目對待愛她的丈夫嗎？她不是不滿丈夫而私心偷偷愛著其他的男人嗎？她內心感到無比的痛苦，她實在是個不守婦道的女人，她懺悔極了。

四、世間七輩婦

佛陀接著開示七輩婦，說明了世間爲人妻子者，有七種不同的典型，世上的妻子，大多不出這七種典型的。所謂七輩婦，那就是：

(1)母婦——女人愛敬丈夫，猶同慈母，晨昏奉侍，不離左右，念夫如子，所以叫母婦。

(2)妹婦——承事丈夫，盡誠盡愛，如同妹妹對待胞兄，有骨肉之情的親切，如妹事兄，所以叫妹婦。

(3)善知識婦——愛念丈夫，一片至誠，見過規勸，善事鼓舞，似同師友，相敬如賓，這種有德之婦，常令丈夫增加智慧。

(4)婦婦——供養堂上翁姑敬重異常，尤其待人謙順，以和氣爲貴的態度，時時不失婦禮。

(5)婢婦——日夜常懷畏敬之心，從不敢自我驕慢，含辛茹苦，樂於服役，對待丈夫，似婢女般甘願供使喚。

(6)怨家婦——見夫不歡，常懷瞋恨，日夜常思離異，雖是夫婦，但像是寄留的家人。

或者不知羞恥，心懷淫蕩，猶如怨家一般。

(7)奪命婦——日夜不停，恚心相向，隨時隨地想要捲逃，乃至謀得機會，爲了財寶及他故，計害親夫，寃枉夫命，這樣的婦人，眞如勾魂使者。

前面五種是善良典型的婦人，受到衆人的愛敬，連做她的親族，也感覺光榮，就是天龍鬼神，也會擁護他，以後得生天上，享受天樂，天壽盡後，下生人間，也可享受富貴尊榮。

後面二種，是惡毒典型的婦人，常受到他人的輕賤，自身也得不到一刻的安寧，坐臥不安，飛來橫禍，將來所受的苦果，比目前還要嚴重。

這時佛陀反問玉耶，在這七輩婦中，究竟妳願意做那一類型的婦人呢？玉耶女已經完全悔悟了，她表示願意完全改正過去所有的缺點，情願當一名婢婦，誠懇奉侍翁姑丈夫。

五、結　語

玉耶女受到佛陀的感化，是完全改過，徹底悔悟了，她從反對佛陀，而順從佛陀，皈依佛陀，最後還請求佛陀授十戒，成爲永遠向善向光明的優婆夷。

本經的主旨，在告訴在家婦女，應有的修身善己，齊家爲婦之道，如果每個女人都按此經去行去修，那麼一定可成爲賢妻良母，一定可建設幸福和樂的家庭，所以本經是在家婦女必讀的經典之一。

民國六十六年一月十六日於松石園

第七章　佛說孛經淺說

一、前　言

一般人常認爲，佛教的教義太深、難懂，講的都是出世的思想，好像與現實人生距離很遠的樣子。事實上，佛是生於人世，長於人間，成佛於人間，他所說的道理，當然是切近於人生的，在藏經中，談得很多，只是一般人知道得太少罷了。像現在要介紹的「佛說孛經」，內容所談論的，百分之百都是有關修身、齊家、治國、平天下的話。

「佛說孛經」的孛，是佛陀過去生中的某一生的名字，那時出生在蒲隣奈國，一家崇奉外道的人家，他在兄弟中，排行第三，名字叫「孛」，出生不久，他父親就死了。孛長大以後，智慧異人，因此商得母親的同意，就出家當和尚去了。他出家後，偶爾行脚到另一個國家，碰到那國的國王，國王看到他的威儀擧止，頗爲欽佩，因此請他接受供養，助理國政。後來因執政而遭到妬忌，因妬忌而辭謝政權，這部經，就是孛將去的時候，留下的嘉言懿行。

這部經是三國時吳國的支謙所翻譯的，支謙來自月支，漢朝末年就到了洛陽。他身體細長而黑瘦，眼球多白而睛黃，博通內外典籍，精通六國語言。他總共譯了一百二十九部經。

二、說經因緣

佛陀及諸大弟子，在舍衛國的時候，接受了祇陀太子和須達長者的邀請，移住到祇樹園來了。波斯匿王，受到佛陀的感召，整個王宮的眷屬，和所有的人民，都隨著國王而事奉佛陀。

本來他們全國共同事奉了五百多個異道人，現在因釋迦牟尼佛，率領大弟子們，住到祇園以後，使他們改變了信仰。所以異道人，很是嫉忌，大家想辦法要破壞釋迦牟尼佛的名譽。

這時異道人，有個女弟子，名叫孫陀利，提出一個計劃。讓她打扮得花枝招展，出入祇樹園，經過一個月後，再把她殺了，偷偷埋葬在祇樹園，然後再裝出悲哀的樣子，到處搜索。他們以這種方法誣賴佛陀，婬人婦女，又恐事敗被人發覺，所以殺而埋之。

異道人，以這種方式來破壞佛陀，而佛陀只是忍辱，並不辯解，後來經過一星期之後，異道人之間就因內部的衝突而使事跡敗露，因而洗清了佛陀與諸沙門的罪名。

佛陀說，誹謗的發生，都是由貪心，及嫉忌所產生的。當然，一件事情的發生都有遠因，有近因。像這件事的近因，當然就是異道人對佛陀的嫉忌所產生的。但是還有遠因，所以佛陀就爲國王，詳說遠因。遠因就是發生在佛陀的過去世，那時佛陀的名字叫「孛」。本經就是佛陀敍說過去世的所作所爲。內容談的都是交友之道，爲人之道，處世之道，爲政之道，頗切合現實人生。

三、交友之道

在本經中，談交友之道，談得最多。人生在世，不能沒有朋友，但是交朋友，要經過選擇，親近賢能的朋友，則可增加智慧；親近愚痴而爛污的朋友，則會增加壞習慣，所以經上說：「近賢則智，習愚則惑」。俗話亦常說：「近朱者赤，近墨者黑」。

朋友之間的來往，最重要的要素，就是要懂得往來以時，朋友之間的往來，要有它的必要性，不可經常隨意打擾，因有事情，而必要往來的時候，要親而有敬，要久而益厚。倘若結交的朋友，在感情上與信任的程度上，尚未牢固的時候，不可以過分的親近，如果常常親近，而不知節制，那末時間一久，必定有泄瀆、怠慢的壞現象。

至於朋友的品格，可以分爲四種。第一種是有友如花，當花初開的時候，色香兼有，鮮艷奪目，可以將它揷在頭上當裝飾品，可是很快就凋萎了，凋謝了的花，還有什麼用途呢？唯有把它棄置罷了。有些人，見到富貴的人，就拿奴顏婢膝的態度，來依附他，至於貧賤的朋友，則棄置不顧，一個人有飛黃騰達的時候，有落魄的時候，見富貴就附會他，見落魄時就背棄他，這樣的朋友叫「如花之友」。

第二種「有友如稱」。有一種人，和稱子一樣，物重時，稱子下垂，物輕時，稱子上揚。當他看到有財勢者，就不惜卑躬曲膝來討好他，當他看到貧賤的人，他就趾高氣揚，神氣十足。如果你對他有些利潤，他自然對你恭敬，如果你對他一點好處都沒有，他就對你輕慢。像這樣的朋友，就是如稱的朋友。

第三種是「有友如山」。就好像是一座金質的山，鳥獸集中住在山上，所以鳥的羽，獸的毛皆蒙受黃金的影響，而有光潤。當人正是地位高貴的時候，他的力量，能使依附他的人榮耀。人在財富豐足的時候，可以使他人一同享樂，可是一旦失去財富地位，自己固然淒涼萬狀，而過去因自己而榮貴富樂的朋友，也只有樹倒猢猻散了。這就是如山的朋友。

第四種是「有友如地」。百穀財寶，一切都要仰仗大地，才得發生，大地對於人類的施給，護養之恩，眞是天高地厚。好的朋友，也和大地一樣，也能養活人，也能栽培人，他有如虛空的度量，能包容人。

朋友之間的相處，可以運用十件事，來判斷彼此之間愛厚的程度。

一、朋友之間，旣有深厚的感情，卽使遇到障緣，而使我們遠別，我們兩人都不會忘記的。

二、如果障緣消除，那麼朋友重新相見時的歡喜，是無法形容的。

三、朋友之間，任何一方，有美妙的飲食，必定招呼對方來共同飲食享受。

四、如果某一方，說了含有口過惡言粗語，兩方面都要能夠容忍，這才顯出朋友間的親密。

五、當我們聽到朋友的身口善行上有所表現，就增加我們的歡喜。

六、如果朋友有了惡行，也當直言規諫。

七、朋友之間，要有奉獻的犧牲精神，對於別人有益而對自己有損的事，也要能勇敢的做去。

八、朋友之間，不可互相勾結狼狽爲奸。雖是親厚的朋友，但一旦涉及邪惡的行爲，可諫則諫，不可諫則割席絕交。

九、朋友遇到了緊急之事，如果在自己的能力內，應當盡力協助朋友，解除這些困擾。

十、朋友失敗，貧賤、落魄的時候，也不可背棄他。

如果這十點都做到了，無疑的，這樣的朋友，一定是很親密的朋友了。朋友之間的相處，最重要的是，要能以道義來相互切磋琢磨，要能教化惡行的朋友，能改惡從善，成爲社會國家有用的人才。

四、知人之道

知人善任，可說是爲人主管者，必須具備的條件。要做到知人善任，必須要能別賢愚，識貴賤，知貧富。可以從一個人的品德行爲，來判斷他未來的貧富和貴賤。

事有難易，才有高低，所以要能量才而使，有一技之長者，要能任用他的優點，不使他有懷才不遇之感，既然任用了某人，對於他所應做之事，要能不斷地審查。

能入境問俗的人，也算是個智者。當一個人，到了窮途末路的時候，要把定身心，切勿挺而走險，喪失了自己的人格。博聞多識的人，經驗豐富，達於宿命的人，能知自己的窮通。像這樣的人，都算是明於事理的智者。

有知人之明者，有四種人，他不用他作任何事業。一是邪僞之友，他能引誘正人君子走上邪惡之路。二是佞諂之臣，善於迎合奉承的臣子，能使朝綱紊亂。三是妖孌之妻，具有妖艷姿色的女人，能使你家破人亡。四是不孝之子，能使父母遭遇到危害。

有些人傲慢無禮，愚痴不辨是非，憂愁恐怖，或者做錯事，正感羞慚，與人有仇恨，或是正在忍受飢餓。當我們碰到這種人的時候，我們不必跟他說話，因爲此時，他有強烈的主觀觀念，或者內心忍受著艱苦，不管你跟他說什麼，他都聽不進去。

經上又舉出從幾件事，可以判斷婦女的奸邪。當一個女人有不端的行爲，可以從他的外貌看出來，比方他的頭髮，忽然亂得像一堆草，高高的髮髻也倒下來了，當她看到丈夫，或是家人，臉色會忽然變了，又會滿頭大汗。又有些女人喜歡高聲言笑，愛出鋒頭，眼睛東張西望，接受別人的寶飾，窺看墻外的行人，坐立不安，愛出去遊玩，又喜和下流的婬女來往，婦女有了這些行動，就應該謹愼的提防。

五、處世之道

每天，當我們起身的時候，應該來一番自我檢討，昨天一天，有沒有過錯，今天不但要改正過去的錯誤，而且要行善植福。吃飯時，要想到，是否遵照時節。說話時，要注意到，是否至誠，有否虛妄不實的妄語。擁有甚多財產時，應當不要忘記布施給貧苦的人。每日早起，首先要禮拜尊親。做事情的時候，要有計劃。立身行事，要認識環境，避免危險或意外之事。當我們見到某人有過失時，應當以忠實的心來勸告他。對於貧窮的人，要哀憐他，要給他衣食，並保護他的安全。

一個眞正賢能的人，不僅要有高深的學問，而且要能不違背佛經所載的戒條，能敬奉佛法僧三寶，不要忘記三寶與我們的善法，且能制止貪瞋痴，而行四無量心。好行恩德，不擾害衆生，對於不義之人，能教化他，能使善惡不亂，是非分明，那就是個賢能的人。

我們在社會上，怎樣才能得到他人的愛敬呢？只要能柔和忍辱，行爲謹愼，又能堅守信用，行事敏捷機警，但是少講話，言行要一致，與朋友交往，時間愈久要愈親厚，如此就能得到他人的愛敬。

至於有些人在社會上，會受到他人的侮慢，這是因爲他的鬍鬚留得太長，衣服破爛不清潔，心中沒有高尙的志趣，再加上婬態無禮，調戲不節，那等於是無恥小人的行徑，自然會受到他人的侮慢。

如果爲政者，能夠順事師長，率民以孝，謙虛上下，仁和其性，救危赴急，恕人愛人，薄賦節用，赦恨念舊，解除仇人之怨恨，不忘記舊情，能做到這幾點，自然可以得到萬民的擁戴，享受安樂。

當別人對我們有恩時，固然不能忘記，而我於人家有恩時，應當把它忘記，這才是爲人處事之道，如果我們布施了勞力給他，而想在那受布施的人身上得到酬報，那是不對的。

六、結　語

本經所談論的內容，不外是現實人生，從修身齊家，到治國平天下的道理，及應注意反省的事項，足以供吾人立身社會，修養品德，修心養性的最佳參考資料。

本經內容相當豐富，遍及人生社會的各個角度層面，本文僅僅從交友之道，知人之道，處世之道，三個層面做抽樣的介紹而已，如果對這些問題有興趣，或是想更深入研究者，應當直接研究佛說孛經。因爲本文所介紹的，只是其中一小部份的思想而已。

從本經，卽可證實，佛經所談論的思想，不光是出世的道理，而且談論了很多入世的道理，如何使人生、社會、國家建設得更完美的道理。我們相信，唯有多讀佛經，才能消除對佛教的誤解。

民國六十六年一月二日於松石園

第八章　父母恩重難報經淺說

一、前　言

「父母恩重難報經」，是佛家闡揚孝道思想的經典，在本經中刻畫出母親十月懷胎之辛苦，出胎後，撫養成人之艱難，望子成龍之關切，描寫得非常細膩深刻。本經可說是以東方人傳統報恩思想爲中心，說明了父母無限的慈愛，和養育的深恩，而且廣泛指出一般人，常犯的不孝雙親的行爲，以促成爲人子者之反省。

孝道思想，可說是中國傳統文化的特質，從本經看來，佛家的倫理思想與儒家的倫理思想，實在並沒有多大的出入。如果佛家的倫理思想，有違背我們中國的倫理文化，那麼佛教就不可能在中國生根流傳了。

從本經，我們亦可看出，佛教對於報親恩的觀念，不僅只限於父母，更進而對於祖先，血統血緣的已故先人，都要竭誠去報答他們的慈恩，因此，一切敬仰三寶，崇神敬祖的觀念，也可說是孝道的擴大。

現在社會，道德觀念日漸衰微，要想恢復固有道德，必須宏揚孝道思想，因爲孝是衆德之本，不能孝敬父母，而能愛敬他人，忠於國家的人，恐怕是沒有的。儒家和佛家，都是同樣重視孝道的，所以「父母恩重難報經」這部經典，也是值得向大家介紹的。

二、說經因緣

當佛陀在舍衛城的時候，有一天引領弟子們浩浩蕩蕩的向南方走去，忽然在路旁，看到一堆很是觸目的死人枯骨。這時世尊竟然俯身在地，恭敬地五體投地，向這堆枯骨禮拜。

最尊貴的世尊，竟然在禮拜枯骨，在佛弟子當中，沒有人不感到奇怪懷疑的，最敢說話，最親近世尊的阿難，終於向佛陀請示了。世尊是三界導師，四生慈父，究竟是因爲那一種因緣，什麼道理，向這堆枯骨禮拜呢？

世尊告訴他，這堆枯骨，或者是我前世的祖先，或者是多生以來的父母，那有爲人子的人不拜父母呢？就是因爲這因緣，所以我恭敬地禮拜這堆枯骨。

阿難又問，人生在世，男人女人一望卽知，可是人死後，男人女人，都是白枯一堆，如何辨認呢？

世尊告訴他，男人在世時，懂得禮拜佛法僧三寶，所以死後，骨骸的顏色較白而份量較重。女人沉溺於情愛之中，把生男育女當作天賦的職務，每當生下一個嬰兒，就全賴母乳活命，而乳汁是母血所變，每一嬰兒必須吮食八斛四斗那麼多的乳汁，母體如何不憔悴呢？所以死後其骨顏色呈黑色而且份量較輕。

阿難聽了世尊的話，內心像被刀割一樣的痛苦，忍不住落淚而悲傷地說，慈母的恩德，究竟應當如何去報答呢？所以佛陀就為弟子們演說了本經。

三、母親懷胎十月

母親懷胎，凡經十月，備嘗諸苦。在母親懷孕第一個月時，胎兒就像草上露珠一樣，朝不保夕，搖搖欲墜，早上清晨所凝聚的，到了午後就消散無影了。到第二個月，就宛似凝結的酥油一樣，到了第三個月，又好像是凝結了血塊，要到了懷孕第四個月，胎兒才稍變作人的形態。

母親懷著胎兒，到了第五個月的時候，胎兒在母親的肚子裡，開始生了五種細胞，有了頭，兩肘和兩膝。到了懷胎六個月的時候，眼耳鼻舌身意六根也都有了。到了第七個月的胎兒，生成骨骼的各部份支節，一共有三百六十個關節，及八萬四千個毛孔。到了第八個月，生出了意智及九竅。

第九個月的胎兒，在母親肚子裡，可以吸收到母親的食物，各種養分、水果及五穀的精華，而且在母親體內，靈活地躍動。到了第十個月，胎兒的各器官，才發育完成，可以出世了。

如此經過十個月的胎內發育，已經使母親受夠了苦楚。如果生下來的孩子，是個孝順孩子，那麼他會高舉著拳頭，做合十姿態，安詳順利地產下，很少傷及母胎，減少母親的痛苦。如果是個逆子，在生產時，會破損母胎，彷彿是萬支劍在心內穿過，痛苦萬分，無法忍耐。

四、母愛十恩

第一、懷胎守護恩

母親懷胎十月的發育經過，上節已有了敍述。在懷胎期間，母親要承受諸種痛苦，保護胎兒的安全。胎兒的重量增加，孕婦但覺腹中之兒，如山一般的重，身體覺得腰酸背痛。孕婦生理上的痛苦，使她懶於平日的妝扮，梳妝臺都積滿了灰塵，母親心中只掛慮著胎兒。

第二、臨產受苦恩

母親分娩前幾天，天天像是重病的樣子，四肢乏力，意識昏沉，內心充滿了恐懼。語云「產婦生子徘徊在鬼門關前」，誰能保證產婦一定能平安無事呢？

第三、生子忘憂恩

經過生產時，痛苦的掙扎，為子女所流的血，就像被宰割的羊那麼多。但是等到愛兒平安降生以後，就全然忘懷了剛才生產時，所受過的種種難忍的痛苦。

第四、咽苦吐甘恩

父母對子女的恩情深重無比，父母對子女的照顧與憐惜，不分晝夜不限時辰。母親口中咀嚼的食物，都是來哺喂子女的，子女有病時，母親就為他先嚐試藥的苦味。母親寧可自己不吃，也不願使子女餓肚，把好的食物留給子女，自己卻甘心去吃不好的食物。

第五、迴乾就濕恩

母親愛育子女，可說是無微不至，子女夜間在床上尿床了，弄濕了被褥，母親寧願睡在冷濕難受的地方，卻把孩子放在乾燥之處，不使孩子有絲毫的難過。

第六、哺乳養育恩

父愛像天的覆蓋萬物，母恩如同大地的承載萬物，恩惠都是相等的，父母為了養育子女，不惜犧牲一切享樂，努力工作，來培育子女，管教子女。卽使孩子長得再醜，卽使手脚不靈有缺陷，也不會因之嫌棄，反而加倍地愛護他。

第七、洗濯不淨恩

一旦有了子女，母親就成了子女的傭僕，子女的一切髒衣髒物，都要母親洗過，從來對子女的大小便，一切骯髒，絕不起不潔之想，不會討厭，不覺麻煩，犧牲了青春，也毫無怨言。

第八、遠行憶念恩

子女長大後，外出求學，就業，天各一方，父母自然念起遠離的子女，每天爲他禱告平安，謀事就學順利，能早日回到身旁。

第九、深加體恤恩

如果子女病了，父母看到病中子女忍受痛苦的樣子，彷彿是自己在病痛一般，整個精神，全注意子女身上，日以繼夜看顧子女，寸步不離，甚至希望自己代子女受苦。世界上的愛，那裡還有能超過父母之愛呢？

第十、究竟憐愍恩

不論子女長得多大，甚至已經娶妻嫁夫，在父母心目中，依然是個孩子，在父母眼中，好像孩子永遠長不大，永遠需要親情的關懷，所謂「母年一百歲，常憂八十兒」是也。母愛是無窮盡的。

五、父母恩重之比喻

母親十月懷胎過程，痛苦萬分，坐也不是站也不是，小孩生下來後，懷抱不離，弄得母親寢食難安，長大後，又要教導他知道禮義，重視道德。還要爲長大的兒子準備娶妻，以延續子嗣，爲長大的女兒準備出嫁，以了心中大事。又要協助兒子經營事業。

天下的父母心，莫不如此，除了幫助子女成家立業外，又擔心子女的健康，父母之恩德，眞有如天之高，地之厚，海之深，天下的愛，那有什麼愛能比得上父母愛之崇高偉大呢？父母之恩德，如何報答得了呢？

所以佛陀說了幾種比喻，來表示父母恩之偉大。佛陀說——

如果有人左肩擔著父親，右肩擔著母親，擔子將皮肉磨至骨頭，又穿透了骨，引出了骨髓，環繞著須彌山，歷經百千萬劫，鮮血流下來，淹沒了足踝，仍然不能報答父母的深恩。

假如有一個人，爲了父母雙親，手中拿著利刀，將自己的雙眼挖出來，獻給如來佛，祈求賜予父母平安，這樣經過千百萬劫難，還是不能報答父母的深恩。

假使有一個人，爲了自己的父母，用鋒利的刀，來割自己的心肝，以致鮮血滿地，不怕一切痛苦，歷經了千百萬劫，還是不能報答父母的深恩。

假若有人，爲了自己的父母，被成百成千的利器，在同一時間內，刺在全身，在身子左邊右邊出入，這樣經過了百千萬劫，還是不能報答父母深恩。

假若有一個人，爲了自己的父母，打折了骨頭，骨髓溢出來，還是不能報答父母深恩。

假使有人爲了自己父母，吞服下炙熱的鐵丸，經過了百千萬劫，遍身都被炙鐵所損傷，焦爛不堪，這樣還是不能報答父母的深恩。

這些比喻，告訴我們，父母的深恩，實在是難以報答的，不管承受如何痛苦的事，都無法報答父母深恩於萬一，父母恩的確難報，可是世間竟然還有不孝的行爲，怎不令人痛心呢？

六、不孝的行爲

世間常有些逆子，不知體會父母恩情，常頂撞父母，欺凌叔伯，打罵兄弟，毀辱親情，不知禮法。有些意志薄弱的人，被人引誘，捨棄父母，流落他方，在外娶妻生子，也不稟明父母。

有些則不但不認眞於學業，還和一些不正當的朋友，追逐異端邪說，做出奇奇怪怪違反風俗的行爲，從不爲自己的前途著想。

有些人把孤父或寡母，冷落一旁，讓老人自己孤獨的飲食生活。

有些未出嫁前尚能孝順，出嫁後全然忘了父母，斷絕消息，音信不通，使父母懸腸掛肚。

像這些，都是世間，常見的不孝行爲，不知體會父母深恩，才會有這種不孝的行爲。這是値得爲人子女者多加反省檢討的，報恩都來不及了，如何還能違背父母，背叛禮法呢？

七、報恩的方法

父母之恩德，實在既深且廣，爲人子女者，除了善事父母，愛敬父母外，佛陀還指出報恩方法，那就是要爲父母書寫本經，讀誦本經，爲父母供養三寶，爲父母佈施修福。

能造一部本經，使之宣傳出去，就能見到一尊佛的功德，能造十部，就能見到十尊佛。凡是建立經書，啟衆生慧的善知識，諸佛是常常垂護在他身旁的，而且佛還要以佛力，使得這些善人，他的本身乃至父母，都可以生到天上，享受天人的樂趣，而不致墮入地獄受苦。

不孝父母的人，是要墮入無間地獄去受罪的。

八、結　語

佛家是重視孝道的，認爲如果孝道有虧，則人格低落，就失去學佛者之資格，佛陀也說他是因孝道而及早成佛，又說供奉天地鬼神，不如孝養二親，二親最神也。可見佛家是最重視孝道的。

地藏經云：「若有衆生，不孝父母，或至殺害，當墮無間地獄，千萬億劫，求出無期。」觀佛相海經亦云：「有恩不報，是阿鼻因，諸恩尚然，況於父母，父母之恩，無可校量。」藏經中，重視孝道，提倡孝道思想的經典，比比皆是。

民國六十五年十二月二十三日於松石園

第九章　孝子經淺說

一、前　言

孝子經，現保存在中華大藏經第一六七八四頁，由於經文不多，大約只有七百餘字，所以單行本很少見。這是佛陀告訴諸弟子，父母恩重，爲人子女者，應盡孝道，以及如何盡孝，才能成爲孝子。

我們中國儒家，十分重視孝道，使孝字成爲中國倫理文化的重心！佛家亦是相當重視孝道，一般認爲，孝道有虧者，卽人格低落，根本失去學佛之資格。所以，在佛經中，就有好幾部經典，專門談論孝道的問題，現在我們介紹的「孝子經」，就是佛陀提示衆弟子，要行孝道，及應如何盡孝的問題。本經是何時何人所譯，已經無法考據了。

二、父母恩重

佛陀告諸沙門，母親生養子女，首先懷胎十個月、懷胎期間，痛苦異常，時常嘔吐，身心疲倦，身重難行。等到臨盆生產時，更是冒著生命的危險，父親亦是誠惶誠恐，痛苦之情，實在難以言喻。

嬰兒既生之後，仍是要日夜受苦，推燥臥濕，勤換包布，讓子女能安適睡眠。且嬰兒所吮的乳，正是母親的血所變化而成的，在乳哺三年中，不知要耗去母親身中多少鮮血。隨著時日的消逝，嬰兒慢慢地成長，父母不僅要爲小孩摩飾澡浴，除去汚穢，供給美麗的衣服，好看的鞋襪，美味的飯食，可口的飲料。同時還要教導子女，遵守法則，明禮義，知廉恥，禮拜師友，學習爲人之道理。像這樣，不知要消耗父母多少心血。

等到子女長大，出門在外，父母在家中，無時不在愛念之中，回到家中，父母之愛亦存之，心懷惕惕，深恐子女在外有不善的行爲。子女高興，父母亦隨之高興；子女憂戚，父母亦隨之憂戚。所謂母子連心是也。

父母親恩，如此之重，爲人子女者，當如何報答呢？

三、孝子報恩

爲了要報答父母恩，當然要以甘露百味，最美味的飯食，供養父母；以天樂衆音，最好聽的音樂，來娛樂父母；以名衣上服，四季都有名貴的衣服，來顯耀父母，讓父母到各地，遊覽名山勝景，像這樣努力奉行父母之慈命，盡心盡力地在衣食住行中，使雙親心滿意足。這樣，能算是盡了孝道嗎？

佛陀認為，像這樣以豐富的物質享受，來滿足父母的欲樂，固然是孝子孝思之表現，但是這樣的孝行，不能算是完整的。

如果雙親性情頑固、愚癡，不知信奉三寶，凶虐殘戾，偷竊非己之物，不守貞節，喜好飲酒，違背正理，像這樣誤入歧途，為子女者，不應一味順從，應當極力規諫，使之改正錯誤。

如果雙親仍然不能覺悟錯誤，子女應以種種譬喻，來開導雙親，說明國家制定法律，設立監牢刑獄，就是要人民遵守法律，維持社會秩序。如果不守法律，造罪重，不但自招死亡，且死後神識還要到地獄，受種種萬毒之苦，說明因果報應，來啟發雙親之智慧。

極力規諫的結果，如果還無法挽救雙親的錯誤，改變雙親的行為，那麼，子女可以悲泣啼號，斷絕飲食，以死為諫。此時，雙親之智慧也許未開，但因愛子心切，必定會強忍過去不軌之行為，而崇尚正道。

如果雙親能改變過去之邪行，信奉佛法，遵守五戒，不殺生，不偷盜，不邪淫，不妄語，不飲酒。那麼宗族之內，必能親慈子孝，夫正婦貞，九族和睦。如此，十方諸佛，天龍鬼神，無不敬愛，時時保祐。所以二親能處世常安，壽終時，靈魂昇天，與諸佛共處，聞諸佛之法音，自由自在，離苦常樂。

像這樣的孝道，才是眞正的孝，才是完整的孝，才是究竟的孝。這是佛家孝道思想的特色，但是眞正能實踐這樣的孝道，眞正能讓父母得到究竟的自在，究竟的快樂，到底有幾人。

四、修身齊家

佛陀說，如果不能讓雙親止惡修善，皈依三寶，信奉五戒，卽使以豐富的物質，供養雙親，仍然算是不孝的。所以爲人子者，首先要皈敬三寶，以至尊之道，感化其親。平日不可迷戀女色，不可遠離賢者，必須親近仁者，本著善良之心，來施惠於人，遵守戒律，以戒律來約束檢點自己的身心。以慈悲爲懷，時時進修自己的德業。

迷戀女色，忿恨他人，貢高我慢者，都是不明做人的道理，不懂修養自己的人，才有的行爲。自古以來，帶有此習氣者，無不亡身滅宗的。

所以我們應努力實踐佛法，遵守戒律，至少守五戒，以戒律來約束自己。如此自然可做到，父法明，子孝慈，夫信，婦貞。如果爲君可以保四海，爲臣能忠於國家，能以仁養民。也就是儒家所說的，由修身而齊家，由齊家而治國平天下。

五、結　語

孝子經的經文很短，其大意，主要是指出，為人子女者，要盡孝道，必須協助父母止惡修善，引導父母皈依三寶，尋求最後的解脫。

從本經可以看出，佛家並不講所謂「天下無不是的父母」。本來父母要教導子女，偏偏世上不仁不義之父母比比皆是，如何能教導子女呢？儒家當然也注意到這個問題，也提到規諫之道，如論語裡說事父母幾諫。當父親偷了人家的羊時，該怎麼辦呢？儒家當然有他解決的辦法。而在這部孝子經裡，實在重視的正是規諫之道，要讓父母去惡就善，引導父母信奉佛法，遵守戒律，才是孝子眞正的孝道，否則的話，孝行並不完整。

民國六十五年八月十二日於松石園

第十章　隨念三寶經淺說

一、前　言

隨念三寶經，是一部稱讚三寶功德的經典，含有聖隨念佛經、隨念法經、隨念僧經，三部經典，故稱隨念三寶經，分別對佛法僧三寶之功德，加以稱讚。

這三經的經文都很短，聖隨念佛經有二百十五個字，隨念法經有八十四個字，隨念僧經有三十九個字。

凡是皈依三寶的佛弟子，都應隨時憶念所皈依的三寶之功德，而起精進行，加深自己對三寶虔誠敬信心，加深對三寶功德的了解和體會，所以憶念三寶功德是佛弟子，堅定信仰，修習佛法的基本法門。

在漢文藏經中，並無此經，本經是由法尊法師，在佛曆二五〇六年農曆二月，從藏文經典中，譯成漢文的。西藏僧衆，重視本經，每天進食前必誦本經。

二、聖隨念佛經大意

佛，即是佛陀，自覺覺他，覺行圓滿叫佛。薄伽梵是古印度的語音，其意就是顯示佛能破除四魔，因佛在菩提樹下，破除魔軍，而成正覺，號薄伽梵。薄伽梵，也因具有自在、熾盛、端嚴、名稱、吉祥、尊貴六義而得名。除佛、薄伽梵外，又另有八種名義，顯示佛之功德。

1. 如來：瑜伽師地論云：「言無虛妄，故名如來。」這是顯示諸佛如實說法的德號。

2. 應：是梵語阿羅漢的意譯，古譯應供，佛已斷盡一切煩惱，應受人天供養而無愧。成唯識論云：「謂應永害煩惱怨賊，應受世間微妙供養，應不復受分段生死，故得應名。」故譯爲應。

3. 正等覺：就是三藐三菩提的意譯，這是顯示諸佛智德圓滿，所以又譯爲正等正覺，正遍覺知。

4. 明行圓滿：明是指智證，行是指實踐修行，佛於二者圓滿具足，故稱明行圓滿。

5. 善逝：是梵語修伽陀的意譯，逝是去或到的意思，善有不退轉，或究竟無餘義。由不退轉義，安穩而逝，故名善逝。

6.世間解：是梵語路伽憊的意譯，也有譯爲「知世間」，佛善知世間，及有情界，一切品類染淨相，故名世間解。

7.無上士調御丈夫：梵語阿耨多羅，意譯無上，富樓沙曇藐菩羅提，意譯「調御丈夫」。這是顯示佛教化有緣有情世間的功德。瑜伽師地論云：「一切世間唯一丈夫，善知調心最勝方便，是故名無上士調御丈夫。」正是顯示出佛化有情，隨機設教的殊勝功德。

8.天人師：在有情諸趣中唯人與天是能堪受佛法的法器，也唯佛能教導令其受益，故佛被稱爲天人之師，這是因佛說法利生事業所依止處，唯天與人二趣。

在一切人中，一切天中，一切阿修羅中，一切聲聞中，一切緣覺中，一切菩薩中，其慈悲、智慧、威神、功德，佛爲第一。諸佛世尊，饒益有情，成就斷德和智德，功德殊勝，難以言表，福慧兩足，而以正智爲歸。所以佛是三界導師，四生慈父，能拔一切衆生之苦，能與一切衆生之樂，世間出世間，最爲尊上。

三、隨念法經大意

所謂正法，就是指佛所說的圓滿教法，佛所說的正法就是八正道，八正道是佛的根本法輪，有情依之修習，能引生戒定慧，斷除煩惱，能趣入無上菩提之方便大行，所以叫梵行。

佛如其所證之理而演說，能令有情離妄證眞，能引發聞者，斷惑生智，獲得利益安樂，故名義妙。佛說的法是中道，顯示正理，利樂有情，與外道偏執苦樂是不一樣的，所以叫純一，八正道是佛教三乘共法，對外道邪說是不共法。

佛說八正道法，能概括對治一切煩惱，亦能總攝一切法門中之最勝義理，所以稱圓滿。依八正道而修習，生起戒蘊，防護六根，生起定蘊，能伏諸地煩惱，慧蘊能斷除諸地相應煩惱及隨眠。解脫自地煩惱的叫清淨，解脫上地煩惱的曰鮮白。所以經中稱念純一、圓滿、清淨、鮮白。

三乘行者，只要依佛所說正法，勤行修習，能成聖道，能得聖果，能證涅槃，所以叫正得。佛說正法如藥，能對治行者煩惱及隨眠諸熱惱病，行者善順正法教導，藥到病除故曰無病。

佛所說一切經教，雖有大乘，小乘不同，然其所闡顯皆不違背眞理。佛說的法，能令聞者生智斷惑，法是眞實的，能令行者趣入一佛乘，如佛所自覺之無上菩提。

四、隨念僧經

聖僧是指出家比丘、比丘尼，已證有學無學，聲聞與初地以上菩薩，能見理斷惑，才是聖僧。他必須具備四種功德：

1.正行：總括三乘者，善能修習戒定慧，增上學之德。諸聖僧，已住修道位，能於三學中，時起正行。

2.應理行：是指初果聲聞，初地菩薩，已斷見惑，已證入眞如空理，於修道位中，所修諸行，皆應於理。

3.和敬行：三乘聖者，和合共處所修之「六和敬法」，即慈身業，慈語業，慈意業，利共受用，戒共受持，見共修學。彼此尊重，攝受歡喜。

4.質直行：瑜伽師地論云：「質直行者，如其聖教而正修行，無諂無誑，如實顯現。」修習八正道，是質直行。

諸聖僧，是依佛正法，成就正智諸福德業，所以堪受衆生之廣大福田，是一切衆生福德，應行惠施之處。

成就三明八解脫功德之三乘聖者，堪受人天大衆惠施供養，令行施者心淨莊嚴，能使施者，獲得廣大利益，所以衆生見聖僧，應禮敬，應合掌，應惠施。

五、結　語

三寶就是佛寶、法寶、僧寶。佛是天人師，是世間出世間最尊貴者。法是佛的經教，在一切有爲法無爲法中，最清淨、安樂、究竟者，以佛法爲第一。依佛法修習，可以離一切苦，得一切樂。在一切大衆中，僧屬第一，僧能領導衆生修學佛法，能令一切衆生，離一切苦，得一切樂。

隨念三寶經，就是要我們時常憶念三寶之功德，以佛法僧，做爲我們心靈之依皈。

民國六十五年十二月十九日於松石園

第十一章　古寶積經淺說

一、前　言

現在通行的大寶積經，實際上是一部叢書，多種經典的總集而已，其間並沒有一貫的主題，也沒有前後的一定次序，只是將四十九部性質互不相同的經典，編集在一起而已。現在我們要介紹的大寶積經第四十三會，普明菩薩會，才是原始的寶積經，所以我們把它稱做古寶積經。

本經的主要意趣，是在宣說大乘行，著重在從加行位到通達位。大乘的核心，是以大菩提願為本，以大悲心為上首，以空慧為方便。

本經從一般的律儀戒行說起，而深意在道共戒。本經重智慧，也就重於多聞、修行、從聞慧、修智、而深入到現證慧。在法空性的現證中，戒智不二，也就是無漏戒定慧的具足。這可說是本經的主要旨趣了。

本經現在的譯本，共有四種：一、後漢支婁迦讖譯，佛遺曰摩尼寶經。二、晉失譯，佛說摩訶衍寶嚴經。秦失譯，普明菩薩會（古大寶積經）編入大寶積經第四十三會。四、趙宋施護譯，大迦葉問大寶積正法經。

現在通行的是傳爲秦失譯，本名大寶積經，而被編入大部，改名爲普明菩薩會的。據說這是羅什來華以前的譯品。

二、廣修菩薩行

吾人學佛，要廣修菩薩行，行菩薩道，所以佛陀告訴迦葉。如果時常尊重佛法，恭敬法師，隨時將所聽到的佛法，憑著自己的清淨心，發揚廣大地爲他人講說，不求一切名譽、聲望、利益和供養。聽到經，要念誦修持，喜歡照經所說的去實行，決不隨逐文字語言而虛談妄說。如果能做到這幾點，就可增大智慧。

卽使遇到了生命關頭，亦不可打妄言，時常以正直的心和人做事，離開種種諂媚歪曲。對許多菩薩，看做佛世尊一般，時時稱揚他們。自己不喜歡小乘法，對所勸化的一切衆生，也都教他們安住在最上的菩提。如果能這樣，世世都可以不失菩提心，一直到成道的場所，自然顯現在眼前。

拋棄離開邪道法，求正當的經典，得到六種波羅密的菩薩法藏。內心去除驕傲，對許多衆生便都會自己謙虛，卑下地去對待別人。合法地得到布施，知道應得的量而不過求，也知道滿足，離開不正當的活命生計、衣服、臥具、飲食，都能少欲知足。不講出他人的罪過，不追求人之所短。如果對於種種經法，理解不通達，應當作這樣的想法，佛法是不可限量的，隨大衆的喜歡而爲他們演說，只有佛才能知道，不是我所能完全理解得到，拿佛所說的爲證，就不生違反和不順從的心。如此，所有的功德善法，都會增長，不會失去。

對自己所犯的許多罪過，全不遮掩，對別人發露，不隱瞞。如果碰到失去國土境界、性命、財產利益這樣的急事，也永遠不亂說，沒有多餘的話。遇到一切惡事，如被罵、被損毀、被誹謗、被抓、被打、被繫住、被綁，有了種種傷害，受到這些苦難的時候，也只自己責怪自己，不對任何人怒目憎恨。聽到很深，難信的佛法，還是自己心地清淨，都能記住而受持。這就是菩薩的直心。

以前沒聽過的經，一旦聽到了，就相信受持，依從所教的去做，依從於正法，不依於言說。服從師長的教導，能知道他的意思，而和順地同他說話，不失掉師長的善意。不退戒定，以調順心而受供養。看見善良的菩薩，恭敬歡喜快樂。而且能隨順善人，稟教德行。這就是菩薩的善順法。

對於一切衆生的心是平等的，普遍教化衆生，平等地讓他們接受佛的智慧。對一切衆生平等的說佛法，普遍的使一切衆生都能平等的安住於正直的行爲，這就是菩薩的四種正道。

一切來求法的人，都是善知識，都是爲成就佛道因緣的緣故。能講解佛法的是善知識，因能生長智慧。能教他人出家的是善知識，因爲能增長善法。諸佛世尊是善知識，因能使你增長一切諸佛法。這就是菩薩的四種善知識。

能夠相信和了解空理，亦相信善惡都有報應。知道一切法裏都沒有我的存在，對衆生要起大悲心。雖然深深喜歡涅槃，而仍游於生死。所做的各種布施，都是爲了衆生，不求果報。這就是眞實菩薩的福德。

菩薩能遇見諸佛，能聽到六種波羅密和其意義，能拿沒障礙的心來看待說法的人。經常不捨掉或是離開菩提的心願。對於一切衆生，心裏沒有恚礙，對於一切所知所見，都有正覺，對於一切衆生都是沒有輕賤他們的心。爲求法的緣故，不惜犧牲自己的身體生命。爲了修一切善根，心沒有厭棄，或以爲滿足的時候。

菩薩能憑清淨心，而行法的布施。對於破戒的人，生最大的悲憫心。在一切衆生裏面，稱揚讚歎菩提心。在一切下品惡劣的人中，也得修習忍辱。

能行善法，行平等心，成就三十二法，所以叫菩薩。

三、習甚深中觀

除了廣修菩薩行外，還應當修學以正觀而觀一切法。眞實的正觀，是沒有我、人、衆生、壽命的觀念。眞實的觀念，就是見到物質是無常而非永恒的，也不是有變化實性的；同樣的，見到受、想、行、識、也非常恒的，不見有變化實性的。見到地界是變的，也不是有變的自性。見到水、火、風界是變的，也不是有變的實性。這就叫做中道眞實正觀。因爲在不變和變這二邊的中間，是沒有物質、沒有形狀、沒有能知所知、沒有辨別的。

我是一邊，無我是在另一邊，在我和無我這二邊的中間，是沒有物質，沒有形狀，無知無明的。如果說心是有實體的，是一邊；心是沒有實體的，則是另外一邊，需要沒有心的識知，也沒有心的種種作用，這就是中道諸法實觀。像這樣，善法和不善法，世法和出世法，有罪法和無罪法，有漏法和無漏法，有爲法和無爲法，一直到有垢法和無垢法，也都是一樣的要離開二邊，不可以執取，求取中道實觀。在有和無的中間，是無色無形，無明無知的。

世尊又開示十二因緣法，吾人因無明而有行，因行而有識，因識而有名色，因名色而有六入，因六入而有觸，因觸而有受，因受而有愛，因愛而有取，因取而有有，因有而有生，因生而有老死憂悲苦惱。

如果能夠斷除無明，那麼行也就沒有了；行沒有了，識也跟著沒有；識沒有，名色也沒有了，乃至於六入、受、愛、取、有、生也都跟著沒有了，一切生老病死，憂悲煩惱，和大的痛苦都沒有了。明與無明沒有兩樣，沒有分別，如是知者，就是中道諸法實觀。

眞實的觀察，並不是因爲觀空，而使各種法都空，只是法性的本身原來是空的。不是因爲無相觀，而使得法也無相，而是法自己本來是無相的。不是因爲無願、無起、無生、無我、無取、和無性的觀察，而使得法也無起、無性、無取，而是法自身原來是無起、無性、無取的。像這樣通達本性空的觀察，才叫實觀。

也不是因爲觀沒有人的緣故而名爲空，空自本身是空的，先前是空，往後是空，這中間的當時也是空。應當依這個空而觀悟，不要依據人。

四、以畢竟智治諸行

世尊繼續開示，菩薩時常應當求衆生得到利益，修習一切所有的福德善根，憑著平等心，施給一切衆生，以所得到的智慧藥，普遍地去醫治衆生所患的各種病，使他們徹底根治。

拿不淨觀，來醫治貪心淫欲。把自己和別人的身體，都作不潔的觀想。有所謂九想觀：脹想、青瘀想、壞想、血塗想、膿爛想、噉想、散想、骨想、燒想。男女淫欲，有因生理關係而發，或因對方之美而起，如能想到日後都將腐爛的屍體，卽不生淫慾，故不淨觀可以治貪欲。

以慈心觀來醫治瞋恨恚怒。衆生因受很多痛苦，時有瞋恨，生憤怒之病。慈心觀，就是念念令衆生得到利益，時時存著給予衆生利樂的慈觀，卽可以息瞋恚。

以因緣觀來醫治愚笨痴邪。觀十二因緣之道理，悟生死流轉之理，故能治愚痴。

拿諸行性空觀，來醫治一切不正的執見。觀一切法無實無我，卽能破除一切偏執。

拿無相觀，來醫治一切憶念妄想。觀一切法空，諸法無相，卽能破一切妄想。及各種分別緣慮的意念。

以無願觀，來醫治一切對三界生死的願求。

以四種不顚倒來醫治一切顚倒，就是拿一切有爲法都是無常的見解，來對治本是無常，而計以爲是常的那種顚倒。拿一切有爲法是苦的見解，來對治在一切苦中，還以爲是樂的那種顚倒。拿涅槃的靜寂，來對治於不淨法卻以爲是淨的那種顚倒。

還要拿四念處的觀法，來醫治那些執著身、受、心、法的。行道的人觀身，順著身的相而觀，不落在我見裏面。觀身不淨，內外充滿汚穢。觀受是苦，世間無實樂，無論逆順境，無一不是苦。觀心無常，世間一切都由心識妄動而起，都是生滅無常。觀法無我，一切法無自主自在之性，沒有實在的自己，即是無我，順相而觀，可以不落入執著之我見。這樣的四念處，能夠厭棄一切身、受、心、法，而開涅槃之門。

拿四正勤的精進，能夠斷除已經生起的種種不善之法，並且使沒有生出的種種不善之法不生起。沒有生出的善法，能夠使它生長出來，已經生長的善法，能使得更增長。也就是要能夠斷除一切的不善法，成就一切善法。

拿四如意足的禪定，來醫治身心的粗重，破掉對身的一合相，使能得到如意自在神通。

拿五根來醫治不信、懈怠、失去正念、心境散失、和沒有智慧的衆生。所謂五根，就是指信根，信三寶四諦；懃根，修勇猛之法；念根，憶念正法；定根，心止於一境不散失；慧根，思惟眞理。

拿五力來醫治一切的煩惱力。五根增長，有治煩惱魔障之勢力。卽信力破邪信；懃力破懈怠；念力破邪念；定力破亂想；慧力破三界諸惑。

拿七覺分來醫治對一切法裏面的疑悔和錯誤。即擇法，以眞法治邪見；喜得善法而歡喜，以治瞋恚；精進勇猛離邪行，以治懈怠；念，明記定慧，使之均等，以治妄念；輕安，輕利安適，以治身心粗重；定，心住一境不亂，以治散失；行捨，捨諸謬妄，坦懷不憶，以治執著。

拿八正道，來醫治落入邪道裏面去的一切衆生。就是正見、正思惟、正語、正業、正命、正精進、正念、正定。此八法盡離邪非，故謂之正，能通涅槃，故謂之道。

五、比丘應行不應行

佛告迦葉，有好些沙門和婆羅門，因爲對好的色聲香味觸，認爲可怕的緣故，去住在沒有人而安靜的地方，單獨一個人，沒有伴侶，離開人衆的熱鬧，可是身體雖然離開了這五種欲望，而心卻仍是丟不掉。這些人有些時候，會想起好的色聲香味觸來，而且貪著，不知作內心的觀察，不知如何才能脫離色聲香味觸，所以回到人多的地方，還是給色聲香味觸所繫縛住了。所以比丘應學戒定慧三學，自己觀察內心，解除妄惑，勿使無拘束地奔馳。

出家的人，有二種不淸淨的心，一是讀順世的外道經書，二是藏起種種好的衣服和好的鉢來。

出家的人有兩種堅固不易解開的束縛，一是思想見解執著的束縛，二是貪受好的供養束縛。

出家的人，有二種聖道的障礙，一是對白衣俗人的親蜜，二是對爲善的人有憎恨厭惡的心。

出家的人，有二種汚垢，一是忍受煩惱而不知除去，二是對檀越施主有貪念。出家的人，有二種能夠壞了許多善根，一是敗壞反對正法，二是破了戒，還要受人家因信正法而給的布施。

出家的人，有二種好像身上生了癰瘡，一是專想揭發別人的錯誤過失，二是遮蓋掩藏自己的罪過。

出家的人，有二種好像火燒自己的法，一是心不清淨，而出家穿法衣，二是還要受別的持戒爲善的人供養。

出家的人，有二種像是身上生着的病，一是空腹高心地懷着強盛的傲慢，不把自己的心降伏，二是破壞別人所發學習大乘佛法的心。

這是對聲聞出家比丘而說，要遠離八種過失，在家居士學佛亦可參考，其理相同。

六、沙門善學不善學

世尊又把沙門分成四種：

有一種叫形服沙門。就是形貌服飾都很完備，披了袈裟，剃掉頭髮，拿著鉢，可是卻造了不清淨的身業、不清淨的口業、不清淨的意業、不好好的愛護自己，只是慳吝、嫉妒而懈怠、破戒作惡事，這就是形服沙門。

一種是威儀欺誑沙門。具足沙門身體所有的四種威儀，行住坐臥，一心安詳，斷絕美味的食物，修行四種能生聖種的法，遠離聚會，及出家而鬧亂的地方，言語柔和。但是在空法上，有了執見，以爲是有所得，對佛所說的無得法生恐懼心，對宣揚大乘空論的比丘，竟生怨賊想，像這樣，雖具威儀，其實是欺騙狂妄的沙門。

一種是名聞沙門。憑現世的因緣，而修持戒律，想讓人知道他。憑自己的力量，而讀誦經書，想讓人知道他的博學多聞。憑自己的力量，單獨居住，在空閑安靜之處，想讓人知道他在修行，少欲知足，修行遠離煩惱的行法，不是爲了得道，不是爲了涅槃靜寂，這就是貪求名譽的沙門。

一種是實行沙門，不貪身命，何況是身外之物。能隨順正法，照所說的而實行。不爲涅槃而修持清淨善行，何況爲了欲、色、無色、三界。要能達到對於一切法，都沒有什麼斷除的，沒有什麼可修行的境界。不住在生死裏面，也不住在涅槃裏，知道一切法本來是寂滅的，所以不見有什麼可繫縛的，也不求什麼可解脫的，這叫做眞實行正法的沙門。

出家比丘應當學習眞實行正法的沙門，不要爲了名聞，便壞了一切。

七、持戒善淨不善淨

世尊又告訴大迦葉，四種破戒的比丘，表面上看起來，好像是能夠好好地持戒的。

第一種是具足持戒，所聞戒法皆能履行，身語意三業清淨、正命清淨，可是卻持有我論，這是破戒而似善持戒。

第二種比丘，能夠持誦戒律，隨戒律所說而做，可是不能滅去內心的身見。這是第二種破戒的比丘。

第三種比丘，具足受持了比丘的戒，取著衆生所有的相，而行他的慈愛心，如聽說一切法本來是沒有生滅的。心裏就大爲害怕，這是第三種破戒的比丘。

第四種比丘，具足了頭陀所修的十二種苦行，但是見到一切，都以爲是實有得的，這是第四種破戒的比丘。

所以，眞正能够善持戒的，是沒有我，也沒有所屬於我；是沒有作爲的；沒有所作爲的對象，也沒有作爲的人；沒有業行，也沒有不是業行的。是沒有物質，也沒有心識的；是沒有性狀，也沒有不是性狀的；是沒有生滅，也沒有不是生滅的；是沒有取得，也沒有捨掉的；是沒有可以取得，也沒有可以丟掉的。是沒有衆生，也沒有衆生的心識，沒有心，也沒有心識的名稱；沒有世間，也沒有不是世間，沒有依止著落，也沒有不是依止著落的。不因爲持了戒而自己驕傲，不說別人的不能持戒，或看不起別人；也不去回想，而分別這個戒行。這就是聖者所持的戒行，是沒有漏，也沒有繫縛的，不受三界煩惱，而且遠離一切種種依止着落的。

守持着戒，是沒有塵俗世間的污垢，也沒有違犯的過失。守持着戒的心，是善順柔軟的，到底常在寂滅之中，遠離一切憶想分別，解脫許多妄動的雜念，這就是淸淨地守持佛制的戒律。不貪著可惜身體和壽命，修習正直自己的行爲，安樂地依住在正道裏面，這就是佛法的眞實淸淨地持戒。

八、結　語

本經廣說菩薩行，兼說聲聞道。吾人在生死長流中，爲了渡衆生，應當學習法船，乘了這佛法的船，才能往來於生死裏面，度脫衆生。

本經所說的，都是菩薩應修習的法船的條件。乘這佛法的船，能够從安隱的道路，而得到涅槃，度脫我見的此岸，到達佛道的彼岸，遠離一切執見。所以，大菩薩們，都應修習這樣的法船，憑着這佛法的船，在無數億劫裏，度脫了無數在生死之海中，漂流的衆生。

本經所明的菩薩道，是重於菩提願，而修廣大正行，是重於空慧而習中觀，重於大悲心而起方便化用，綜貫這三德而修行，才成爲菩薩正道，這是眞實的菩薩行，所以是正法的珍寶。

民國六十六年二月三日於松石園

第十二章　十善業道經淺說

一、前　言

十善業道經，是釋迦牟尼佛，在娑竭羅龍王宮中，爲龍族衆生而說的法。這部經的經文很短，只有二千三四百字，它的內容，說明了十種善法的利益，這十種善法，可以說是人類社會的基本道德，是人生的基本修養；不僅是做人應懂的道理，亦是修行成佛的基本準則。

善的行爲，就是良好的行爲，本經把一些最基本的善的行爲，歸納起來，總共有十種。屬於身體方面的有三種：第一、不殺生。第二、不偷盜。第三、不邪淫。屬於口頭上的有：第一、不兩舌。第二、不惡口。第三、不妄言。第四、不綺語。屬於意識上的有：第一、不貪欲。第二、不瞋恚。第三、不愚癡。本經主要在討論這十種善法的利益。

佛法實不離世間法，佛法絕不可能違背世間的倫理道德。學佛要從做人學起，要從人本位做起，健全自己的人格，而後才有成佛的資格，絕沒有連人都不會做，而能成聖成佛的道理。

佛陀所揭示的十善，就是我們做人的基本道理，毫無神奇之處，但它卻是修行成佛的基礎，所以本經是在家學佛，首先要研究的經典。不僅是佛教徒該讀，就是信仰任何宗教的人，都應該發心來研讀本經的。

這部經，是唐朝時，于闐國，三藏沙門實叉難陀翻譯的，高僧傳上說他是「智度灰曠，風格不羣」，他翻譯的佛經，總共有十九部之多。

二、身善業有三

在十善當中，屬於身善業的有三：

第一、永斷殺生。凡是有情識、有生命的動物，都有好生惡死，繁殖其種類的要求，人是如此，萬物亦莫不如此，因此，以任何殘忍的手段，來傷害人類，或人類以外的動物生命，都算是殺生，這種行爲，都是佛陀所禁止的。

人有求生的本能，親屬之間的恩情，飲食起居的需要，其他的動物也是有同樣的需求，除形體不一樣，知識不如人類外，沒有多大的區別，所以佛教的慈悲精神，除了要愛護人類外，同時也要愛護任何其他有生命的東西，所以我們不應該殺生，這就是佛家的慈悲精神。

如果能夠做到永遠不殺生，那麼可得到十種沒有煩惱的酬報。一、因爲不殺生，所以能永斷瞋恚習氣，保持心平氣和。二、對於衆生，能生起大慈悲心，視一切衆生如自己的親屬。三、因能不殺生，故能視衆生之生命，如自己之生命，普施無畏，對任何衆生均不畏懼。四、不殺生，可得身體健康，不生病的好處。五、可以使生命長壽，父母妻室兒女能長久團聚，不致中途離散。六、可以常受天神之守護。戒經上說：受持五戒的人，有二十五個善神，時常保護你，使你一切平安。七、睡覺時沒有惡夢，不管睡時，或睡醒，都很愉快。八、因不殺生的緣故，可以滅除怨結，過去的怨結，也因不殺生而冰消瓦解。九、不殺生，就不會墮落惡道，就沒有惡道的恐怖。十、命終時，可以獲得生天，享受天福。

不殺生，可以得到以上的十種利益，如果修行不殺生的人，不貪圖世間的五欲享受，而廻向菩提的話，那麼成佛時，可以得佛隨心自在壽命，壽命可以不受業果的支配，隨心自在。

第二、永斷偷盜。偷盜包含，偷竊、欺詐、誘騙、貪贓枉法、走私、漏稅等等，凡是不屬於自己的東西，不以其道而得之，或強爲占有，均是偷盜的行爲。

凡物各有主，佛陀是最討厭弟子們，不勞而獲的。偷盜的行爲，不僅是要受法律的制裁，而且要受因果律的支配，所以佛教是絕對要戒除的。

如果能夠做到不偷盜，那麼一定可以得到十種利益，是有保障，一得永得，不會消失的。一、可以擁有豐富的資財，即使國王、盜賊、水災、火災、敗家子，都不能把這些不因偷盜而得到的財產散滅。二、可以得到很多人的愛念。三、大家都不會欺負你。四、十方的人都會讚美你是個善人。五、不必擔心惡人來損害你。六、你誠實無欺的善名，會流佈四方。七、在社會羣衆當中，能夠光明磊落，坦白大方，對任何人，都無所畏懼。八、可以得到生命，財產、健康上的安樂。以及辯才無礙，能言善道。九、能夠不慳貪，常懷著佈施他人的心想。十、命終時，能生天，享受天上的福報。

不偷盜的人，能夠得到以上所說的十種利益。如果修行不偷盜的人，能不貪人間的富貴，天上的福報，而把功德廻向佛果，那麼成佛時，可以證得清淨大菩提智。

第三、永斷邪行。邪行就是不正當的行爲。邪行指的就是邪淫，合法的配偶，所行的夫妻關係是正淫。在配偶以外，拈花惹草，或是在非適當的時候，非適當的地點，或有違常道的淫行，均叫邪淫。

邪淫會傷風敗俗，陷於無恥，使人類同於禽獸。所以儒家以淫爲萬惡之首，戒除邪行，才能安定社會。

如果能夠做到不邪行，那麼可以得到四種法，這四種法是有智慧的人，才能認識而加以讚歎的。一、能不邪行，而以禮法自持的人，能使七情六欲調順，能得到身安心安，體會色相本空。二、能不邪行的人，內心永遠是光明磊落，到什麼地方，他都是身心寂靜，舉止安詳的。三、這種不邪淫的行爲是世間輿論所讚美的。唯有不邪行的人，可以享受輿論讚美的光榮。四、不邪行的丈夫，當然不會受到妻子的侮辱譏諷，同時不邪行的人，他的妻室，也絕對不會受到他人的侵犯的。

唯有目光銳利的智者，才能看出，不邪行所得到的四種善果。如果不邪行的人，能將功德廻向佛果，那麼他以後成佛，可以得到和佛陀一樣的馬陰藏相。（生殖器不暴露在體外之相）

三、語善業有四

第四、永斷妄語。凡是所說的話，或所寫的文字，全屬虛構，沒有事實的根據，就算是妄語。如果言不顧行，言行不一致，說到但做不到，也算是妄語。永斷妄語，就是不說虛妄不實在的話。

如果能夠受持不妄語的戒條，那麼可以有八種收穫，這八種收穫是上天所稱讚的。一、不打妄語的人，嘴巴是永遠清淨，並且還有花的香味，從口裏出來。二、不打妄語的人，可以得到社會各階層人士的擁護，甚至十方諸佛，以及他道衆生，都會信仰你崇拜你。三、不打妄語的人，說話當然誠實可靠，可以得到人間或天上，大家的恭敬愛護。四、不打妄語的人，不但言無虛妄，而且沒有粗惡的言語，能夠對苦惱的衆生，以慈悲柔和的語言，來安慰他們，使他們得到清涼自在。五、不打妄語，能說誠實話的人，心地安詳，無恐佈罣礙，身語意三者皆清淨。六、不打妄語的人，言不妄發，沒有過失，心安理得，內心常感歡喜。七、不打妄語的人，發言謹愼，不但人間能奉行，就是天上的天衆，亦歡喜接受。八、不打妄語的人，具有超人的智慧，除佛陀外，人間天上的聰明，都不可能制止或降伏的。

能夠永斷妄語的人，如果能廻向佛果，將來成佛的時候，必定能獲得眞實語的福報，和十方諸佛如來是一樣的。

第五、永斷兩舌。兩舌是對同一件事情做兩種說法，或對一個人，做二種批評，挑撥離間等都是。爲什麼要兩舌呢？大都是爲了個人的利益，破壞他人的感情，陷害他人等，所以兩舌含有破壞他人的惡毒作用。所以佛陀勸人，不要兩舌，而要說和合的言語。

能够永斷兩舌的人，必定可獲得五種不可破壞的善果。一、因爲過去沒有破壞他人，所以生生世世沒有人來破壞他，因此得到不壞身。二、因爲過去沒有挑撥是非，使別人的家庭不和，所以他的眷屬，家庭能安詳和樂，不被破壞。三、能順乎自己所修的善業，深信三寶，堅定不移。四、能獲得合法的修行，堅固道心，修行持久不壞。五、能够得到德高望重知識，做他的導師。

能永斷兩舌的人，如果能將諸種功德廻向菩提，將成佛時，可以得到具有正信佛道的眷屬，不會被諸魔外道，破壞其信心。

第六、永斷惡口。惡口就是說些粗言惡語，謾罵或毀謗他人，能够破壞他人的尊嚴，傷害他人的自尊心，同時說些惡語粗言的人，一定是動了瞋心，所謂一念瞋心起，百萬障門開。可見惡口的罪過是很大的。

如果能够離開惡口，那麼就能成就八種清淨的事業。一、永斷惡口的人，說話就不會乖離常度，能保持應有的分寸。二、一個人，如能永離惡口，言不妄發，說出來的話，一定是能利益衆生的。三既然永離惡口，說話一定合情合理、合乎眞理法則的。四、永離惡口的人，發出來的言詞，一定非常美妙，使人聽了悅耳歡喜。五、既然言詞美妙，所以也使人易於接受。六、永斷惡口的人，他說的話是有信用的，同時因被人接受，亦可發生很大的號召力。七、不惡口的人，他所說的話，絕對不引起他人的譏誚的。八、不惡口的人，還能得到他人的敬重與喜愛。

永斷惡口的人，可以得到八種淨業，如果將這些功德，廻向菩提，將來成佛時，可以和如來一樣，獲得三十二相中的梵音聲相。

第七、永斷綺語。綺語，就是運用說話的技巧，把話說得好聽，所謂甜言蜜語，使人愛聽，又如傷風敗俗的話、拍馬屁、迎合奉承的話，都算是綺語。綺語能惑亂人心，所以必須禁止。

佛陀告訴我們，能够永斷綺語，可以得到三種保證。一、永斷綺語的人，能够被大智慧的人所尊敬。二、不綺語的人，誠誠實實，對於任何問題，都能以他的智慧，如其事，如其理來答覆你。三、不綺語的人，德行卓著，可以受到人間天上，任何人的尊敬、重視。

如果能將不綺語這些功德廻向菩提，將來成佛時，可得到如來的授記。

四、意業善有三

第八、永斷貪欲。財、色、名、食、睡，是人生之五欲，必須適度才好，如果貪求五欲，就會造成禍害。多欲之人，苦惱也多，少欲則能生諸功德。

佛陀告訴我們，人們如果能夠離開貪欲，就能成就五種隨心所欲的事。一、貪欲生於意識，發之於語言，見之於行動，那就是殺、盜、淫、妄。有了這些行爲，則身心不安，三業不能自在。如果離開了貪欲，那就三業自在，六根具全，五官端正。二、如能不貪欲，其後生，可以獲得金銀珍珠，一切寶物，隨意享用，而且不會遭到怨家的破壞，盜賊的偷竊。三、由於過去世的不貪欲，可以得到福德具備，受用自如，財物皆備，隨心所欲，享用自如的利益。四、當國王的，能使國泰民安，垂拱而治，四方的珍奇妙物，都會奉獻給國王。五、由於過去世的佈施，或看到人家成功而不忌妬，甚至爲人歡喜，所以他現在所得到的貢物，遠超過他本來所希望的數量和質量。

如果能夠將離欲的功德，廻向佛果，將來成佛時，在三界中特別尊貴，三界衆生，沒有不恭敬的。

第九、永斷瞋恚。瞋恚就是發怒，大的叫瞋，小的叫怒，或者叫恚。有修養的人，對於不順心的事，是不會隨便動肝火的。瞋恚是會帶來罪惡的，所謂一念瞋心起，百萬障門開，所謂瞋火能燒功德林，皆指瞋恚之害處。

能夠遠離瞋恚，就可以得到八種喜悅心法：一、發心的菩薩，視人如己，遠離瞋恨，寃親平等，不會去破壞他人，使人感受苦悶。二、遠離瞋恚的心，就不會有瞋恚的行爲。三、瞋恚心大的人，喜歡打官司，所以必得遠離瞋恚之心，才能無諍訟心。四、遠離瞋恚，自然會有忍讓的氣度，才有溫柔敦厚，質樸不虛偽，正直不邪曲的善良心地。五、遠離瞋恚的人，可以得聖人般的慈悲心腸。六、遠離瞋恚的人，能常做利益衆生的事，能安慰衆生。七、遠離瞋恚的人，能獲得身相莊嚴，得到衆生的尊敬。八、遠離瞋恚的人，有和忍之心，能早日證得佛果。

如能將這些永斷瞋恚的功德廻向菩提，將來成佛，可獲得無障礙心，令人百看不厭。

第十、永斷邪見。所謂邪見，就是不眞、不正的見解，邪見是由愚癡所造成的。昧於實事實理叫做愚，貪戀執著於六塵，造作諸惡，枉受生死，叫做癡。

能離邪見，就能得到十種功德。一、遠離愚痴的人，行爲是合理的，可以得到心安理得，眞正的快樂。二、有正見的人，深信因果，寧可犧牲身命，亦不造作惡果。三、有正見的人，能皈依佛陀，而不皈依天魔外道。四、遠離愚痴的人，以直心行正見，事事不違背良心，前途的吉凶置之度外，心理上光明磊落，坦然平安。五、遠離愚痴的人，常常生於人道、天道，不再墮入三惡道。六、遠離邪見的人，在每一次的轉生，都能增高天位。七、永離邪見的人，必能修正道，遠離邪道。八、遠離邪見的人，視身體如幻如化，沒有身見，故能捨諸惡業。九、遠離邪見，則能安住無礙之見，物我一體，身心清淨。十、遠離邪見的人，不會遭遇到三災人難的煩惱禍害。

佛陀告訴我們，能將永離邪見的功德，迴向菩提，則將來成佛時，可以證得一切佛法，可以成就自在神通。

五、十善與六度四無量心

修學十善，是消業的不爲惡，因此佛陀要修行十善的菩薩，兼行六度，要能佈施、持戒、忍辱、精進、禪定、智慧。以十善做基礎，兼行六度，必可獲得佛法上的利益，能具足佛所具足的相好，能衝破一切難關和阻力，而深入諸佛的法藏。

修十善的菩薩，應該兼修四無量心。對於一切衆生就不會惱怒，不忍衆生的生命，遭到傷害，且能憐憫衆生。拔一切衆生之苦。對於他人的善言善行，能生歡喜心。對於五欲六塵，稱心滿意的環境，不留戀、不貪著，對於不利的環境，也不怨天不尤人。

修行十善的菩薩，應兼行四攝，常行佈施，說些人們所愛聽的話，做些有利益對方的事，與受化的人做同樣的事業，在長時期中，不休息、不懈怠，以勤苦的精神，來攝化一切衆生。

修十善之菩薩，亦應以四念處爲莊嚴，經常修習觀身不淨，觀受是苦，觀心無常，觀法無我，將心安放在這四個地方，才能斷除貪瞋痴愛，而不放逸。

修學十善的菩薩，應兼修四種正勤，時時反省自己，如果有已生的惡行，應立卽斷除，尚未產生的惡行，讓它不發生。已有的善行，應讓他繼續發展下去，尚未有的善行，應讓他很快地實現。

修學十善，如果再融攝四神足，五根、五力、八正道，七覺支、兼修止法、觀法、方便法，那麼就可成就菩薩道，圓滿菩薩行。

六、結語

十善所標舉的信條，雖然只是消極的不爲惡，但它不僅成爲人間道德的基礎，而且是修學人天乘的條件，是大小乘最根本的修行基礎。

佛果上的十力，四無所畏，十八不共法，皆依於如同大地般的十善，才能順利完成。足見十善是五乘的共法，也就是人、天、聲聞、緣覺、菩薩、五乘的修行，皆以十善爲基礎。

從「十善業道經」所標舉的十個信條，我們可以看出佛法實不離世間法，而且佛法的推廣，實有益於世道人心，有助於社會的教化，風氣的改良。特別是本經所標舉的十項原則，實在是做人應知道，且應具備的基本修養，所以本經不僅是初入佛門，首先應讀的經典，實際上，社會各階層，也應熟悉誦讀的。

民國六十五年十二月十七日於松石園

第十三章　五戒相經淺說

一、前　言

五戒法是三世諸佛之父，依於五戒出生十方三世一切諸佛。佛陀專為在家居士，說了五戒法，經名全稱是「佛說優婆塞五戒相經。」本經是佛陀在迦維羅衛國時，淨飯王請求佛陀所說的。

在本經中，佛陀詳細說明五戒成立之因緣，對各戒在現實所遇到的各種特殊情況，都有詳細解說，對戒法之輕重，可悔不可悔之情況，都詳細判明。

本經雖是淨飯王請法的，但佛陀並不是直接向淨飯王說法，而是向比丘們說法的。這是因為優婆塞（近事男）學戒法，必須向比丘學。比丘尼都應該向比丘學戒，更何況是在家居士呢？佛陀向比丘演說五戒法之用意，亦即在此。

二、殺　戒

違犯殺戒的人，有三種情況，奪去他人的生命。一種是自己親自殺害他人的生命；二是教人，煽動他人去殺害人命；三是遣人去殺害，就是自己本意要殺害某人，但不親自動手，而派遣他人去殺害。這三種情況都是犯了不可悔罪。

在奪人命的方式上，也有三種情況：一是優婆塞親自用手或脚打他，要置他於死地，果然因此而死，是犯不可悔罪；如果當時沒有立刻死，後來卻因此而死，也是犯不可悔罪；如果當時沒有立卽把他打死，後來也不是因此而死的，那麼他犯的是中品可悔罪。

第二種情況，是利用其他的物品，如木瓦石箭刀槍等遙擲彼人，想要置人於死地，果然使人喪命，是犯不可悔罪；如果當時沒有立卽死，可是後來因此而死，也是犯不可悔罪；如果當時沒有死，後來也不是因此而死，這是犯中品可悔罪。

第三種情況，是用手拿著木瓦石箭刀槍等來打人，想置人於死地，其犯罪情況，也是一樣的。

另外還有作坑殺人者，知道某人從此路經過，所以在途中作坑，上覆以沙土，使人誤陷而死。如果人死，是犯不可悔罪，非人死是犯中罪可悔，畜生死是犯下罪可悔。如果是爲畜生作坑，那麼畜生死，是犯下罪可悔，若人墮死，若非人墮死，皆犯下罪可悔。

也有用呪術，欲害人死者，也是犯不可悔罪；可是如果被害人，入諸三昧，或天神所護，或大呪師所解救，這樣是犯中品可悔罪。

墮胎亦犯殺戒，如果是要殺胎，胎死是犯不可悔罪；如果胎不死，是犯中罪可悔；如果母死，是犯中罪可悔，母胎俱死，是犯不可悔罪。如果要讓懷姙的女人死，而讓她做很重的工作，擔負重物，以種種操勞的方式，讓她死去，這是犯不可悔罪。

還有三種讚歎殺，一種是惡戒人，也就是我們社會上常說的壞人，如果我們告訴壞人，你在社會上，一天到晚做壞事，不如早一天死算了，結果那人果然自殺而死，這也是犯不可悔罪。二是善戒人，如果我們對善持淨戒，有福德之人說，你死了可升至天上享受福報，人間太苦了，何不早日往生，結果那人因此自殺而死，這也是犯不可悔罪。三是老病者，如果我們對年老，或是在病中受苦的人說，何不自殺算了，免得忍受這種痛苦，結果那人，因此自殺而死，同樣是犯不可悔罪。

佛教的殺戒，重視的是「初心」，及結果，初心是否要殺死他，結果是否眞的殺死，以這二個因素，作爲計罪輕重的標準。比方說在蓋房子時，因失手而使樑木掉下來打死人，佛說這是無罪的，因爲他本無殺心。

根據殺戒，殺人命斷，是上品不可悔根本罪，殺人不死，是中品可悔罪；發心欲殺人而未殺，是下品可悔罪；殺畜生，是下品可悔罪。

三、盜　戒

犯盜戒不可悔罪，有六個因素：一是他物，那個東西的確是別人的東西；二是他物想，你心中知道、或是認爲那個東西是別人的；三是用心，就是盜心，想要去偷的用心；四是用身，就是付之行動，用各種方法去奪取；五是離本處，就是已經把那個東西離開原來的位置；六是值五錢，就是其價值在八分銀子以上的重物。這六緣具足，就是犯了不可悔盜罪。

還有三種情況，偷取別人重物，犯不可悔盜罪：一是自己親自去偷取，二是教別人去偷取，三是派遣他人去偷取，這三種情況也都是犯不可悔盜罪。

另外有七種情況，雖然拿取別人的東西，亦不犯盜罪，一是己想，認爲那個東西是自己的，並無偷心；二是同意，那個東西雖是別人的，但是他同意我來使用；三是暫用，用過不久，立卽歸還主人；四是無主，不知此物有人攝持；五是狂；六是心亂；七是病壞心，這三種都是指精神不正常，有心理或生理之疾病，而拿起他物，並無盜心，故取物不犯盜罪。

根據本經，取他物值五錢以上，犯上品不可悔罪；取而未離原處，犯中品可悔罪，取他物值不滿五錢，犯中品可悔罪；發心欲盜而未取，犯下品可悔罪；取他物值三錢以下，犯下品可悔罪。

四、婬　戒

婬戒以三緣成不可悔罪，一是婬心，內心起了婬念，二是道，男性是黃門二根，女性是口處大便小便處，三處事遂，婬欲得遂。

入道行婬，是上品不可悔罪，二身和合，止而不婬，是中品可悔罪，入餘處非道行婬，是中品可悔罪，發心欲婬而未婬，是下品可悔罪。以上皆就邪婬而說。

如受八關齋戒而行婬者，犯不可悔罪，不論邪正，一切皆犯。

如果人死或是畜生死，身根未壞，其彼行邪婬，亦犯不可悔罪。

五、妄語戒

妄語有大妄語、小妄語之分。小妄語又分兩舌惡口綺語等，可參閱十善業道經。

大妄語是指自己未證道而言證道，欺狂人心。

如果向別人說自己證了阿羅漢果，或斯陀含果等，或說羅刹來到我的住所，與我相問答等讓人知道，未證而說已證，是犯上品不可悔罪。誤說而未遂本心，或者向聾痴的人說，是犯中品可悔罪，發心欲妄語而未言，是犯下品可悔罪，向畜生說證果，是犯下品可悔罪。小妄語，兩舌、惡口、綺語等亦犯中品可悔罪。

六、酒　戒

酒能亂性，飲酒會造成種種過失，所以佛告諸比丘，優婆塞，不得飲酒。凡作酒色、酒香、酒味，飲之能醉人者，是中品可悔根本罪。欲飲而未咽者是下品可悔方便罪。凡作酒色、酒香、酒味，飲之不能醉人者，是下品可悔等流罪。

可是，如果不知食物當中有酒，而誤飲。或是以酒煮物，已失酒性，不能醉人。或是生病時，其他藥物皆不能治，而以酒為藥。以上這種情況，皆不犯酒戒。如果精神不正常，狂亂壞心者飲酒，亦不犯酒戒。

七、結　語

五戒相經，是佛陀專為在家居士演說的戒律，佛陀苦口婆心，詳細舉例說明各種犯過之情況，以及其得罪之輕重，皆有詳細之說明。讀者應進一步研讀本經。

學佛不可離戒定慧，由戒生定，由定生慧，戒是學佛之根本。五戒可說是在家居士，應守的最根本的戒律。

民國六十六年七月二十五日於學不厭齋

第十四章 佛說齋經淺說

一、前言

「佛說齋經」的內容，是在介紹八關齋戒，及五念法。齋字的字義，有齊的意思，我們平日的思想，從早到晚，雜亂得很，妄念起伏，可說從沒有一刻停止過。現在要以戒律的方法，將雜亂的思想，齊集起來，專注一境。蕅益大師云：「身齊則無穢惡，口齊則無諸過，心齊則無煩惱諸漏。」

齋，又可釋爲清淨的意思。因爲齋戒，能使一念心靜寂地收攝起來，進而遮斷一切罪惡過非，而產生一種防護根門的力量。蕅益大師認爲，齋就是戒，戒就是齋。

所以本經所揭示的主旨，就是在內心，以五念淨其志意，外部以八戒來約束身口，使身口意三業，達於清淨的地步。

二、三　齋

有一次佛陀在舍衛城東的丞相家住，丞相母維耶夫人，於淸晨起身沐浴後，率領他的子息，向佛陀禮拜。佛陀見他們起得這麼早，就問有什麼事情嗎？維耶夫人說，沒有別的事情，只想從佛受齋戒。

佛陀就說，你們發心要受齋戒，當然是很難得的，但齋有牧牛齋、尼犍齋、佛法齋三種，你們究竟要受那種齋。

維耶夫人不知道這三種齋的差別何在，所以請佛開示。

一、牧牛齋：這是一個譬喻。如牧牛人，每天出外放牛，到了黃昏回家後，心裡就在那兒想著，那裡水草豐富，明天就到那裡去牧牛，讓牛吃得飽。這是譬喻世間的某些人，雖在一定的齋日，發心從佛受齋，但於受齋之後，沒有好好的受持應受的齋戒，甚至於受齋的當日，心中便在想著，我今日受戒，什麼都受到限制，無法好好享受，明天我要多享受一點五欲之樂，以彌補今天齋戒所受的損失。像這樣，不把心放在所受的齋戒上，而把心放在明天的享樂上，那裡算是眞正的受齋？

二、尼犍齋：尼犍子，是印度的一種外道，他們受齋戒，都在每月十五日這天，當受戒時，將整個身體，伏在地上，對十由旬內諸神這樣說，我今天開始受齋，再不敢去做不如法，不如理的事，我今離開家庭，等於是沒有家，家內妻子奴婢，現在都不是我的，我也不是他們的主人。表面上看起來，與佛教的八關齋戒，似乎沒有什麼兩樣；事實上，他們貴文賤質，缺乏正心，只是口說而已，並未切實實行，只是表面做得好，以取悅他人耳目而已，實是欺人之法，並無受用。

三、佛法齋：就是八關齋戒，是佛弟子在每月的六齋日，受戒。就是農曆的每月初八、十四、十五、二十三、二十九、三十等六日，小月則三十日改二十八日。修持八關齋戒，在短短的一晝夜中，淨潔自己的身心，嚴格約束自己，雖然沒有能夠立即出離三界，但是仗此齋戒功德，已經種下出世勝因，將來一定可得出世解脫。

三、八　戒

八關齋戒的目的，是專為在家學佛的弟子，所制定的一種暫時出家修學的方法，是在訓練在家居士，過出家人的生活。佛法是以出世為最高目的，所以在家佛弟子，最好也能適應出世的生活。

茲將八戒的內容簡介如下：

㈠殺　戒

在一日一夜間，持心如眞人，沒有任何殺意，慈念衆生，不傷害一切有生命的東西，願一切衆生能利安，不再殺害。

㈡盜　戒

在一日一夜間，持心如眞人，毫無貪取的念頭。常念布施，歡喜布施，恭敬布施，不求回報的布施，這樣可以去除慳貪的意念。

㈢婬　戒

在一日一夜間，持心如眞人，毫無婬意。五戒中的婬戒，是指不可邪婬，八戒中的婬戒，連正婬（即正常的夫妻）都要禁止。

㈣妄 語 戒

在一日一夜間，持心如眞人，沒有打妄語的念頭，心口相應，不僞不詐，不惡口不兩舌。

㈤飲 酒 戒

一日一夜間，持心如眞人，不飲酒，不醉不迷，不放逸，不失正氣。

㈥香華歌舞戒

一日一夜間，持心如眞人，不著香花，不塗脂粉，不化粧，不唱歌，不跳舞。

㈦高廣大床戒

一日一夜間，思念經道，無求安意，不睡高大美好舒適的床舖，不貪圖享受。

㈧非時食戒

一日一夜間，持心如眞人，奉法時食，午前飲食，過午即不可進食。

八戒中的後三戒，能夠捨離染緣，不爲外界的塵境所轉，所以能爲正道作殊勝因緣，也是三乘聖道的基礎。

四、五　念

受八關齋戒時，除了以八戒來約束自己的言行，同時還要修五念法，使身口意三業，達於完全清淨。那麼什麼是五念法呢？

㈠念　佛

佛是人間的覺者聖者，大覺大悟的人，我們念佛，並不是口頭稱念聖號而已，而是要思念佛陀的功德。如念佛的相好，能除自己的恚怒之心；念佛所證的實相，能除自己的惡意；念佛所說的法門，能除自己的愚痴；念佛的十種德號，不但增進自己的功德，亦能使聞者破輕慢心，對佛產生恭敬心。只要我們能誠心地念佛，就能引發自己本具的智慧。

㈡念　法

法是佛所說的，宇宙人生的眞理，簡單地說，就是三十七道品，四念處，四正勤，四如意足，五根、五力、七覺支、八正道。念法能消除愚痴心，瞋恚心，而引發善心。

(三)念　僧

僧是住持正法的人，念僧是念眞實僧，他們已經具足智德與斷德，足夠資格稱爲大丈夫。我們如能三業精勤的禮拜供養，思念他的種種功德，自然會使自己的功德增上。

(四)念　戒

戒是道德的規律，不管所受是何種戒法，一定要嚴格守持，不容有受戒而不持戒的，受如來的禁戒，不僅能軌範行爲，而且有殊勝的功德。如能時常思念戒行的功德，就不會違犯淨戒。

(五)念　天

生天並不是學佛的唯一目的，但是能生天，亦必須具備相當的功德。所以念天，是念諸天人所有的功德。如此對自己的修行才能產生信心。

五、結　語

在本經中，只提出五念，在阿含經中還加一個念施，成爲六念。

八關齋戒，是爲在家人所授的出家戒，是要讓在家人，學習過出家的生活。所以它和其他戒律不一樣，像受五戒的人，必須盡形壽，持五戒，但是持戒，也可七日持戒。而且持戒一日一夜，就可獲得殊勝的功德。

持戒最重要的是要發廣大心，不爲個人的功德及解脫而持戒，應爲一切衆生而持戒，持戒之功德，應與衆生共享，不應個人獨有，否則所得只是有漏功德而已。

我們持齋應持佛法齋，不可落入牧牛齋、尼犍齋，否則徒具虛有其表，毫無受用可言。

民國六十六年七月二十六日於學不厭齋

第十五章　彌勒上生經淺說

一、前　言

佛說淨土法門，有西方極樂世界彌陀淨土，東方世界藥師淨土，上方世界衆香淨土，兜率內院彌勒淨土，……乃至十方淨土。在諸方淨土中，唯有彌勒淨土，跟我們同在娑婆世界，同在欲界，所以對欲界衆生，因緣特別殊勝。

「佛說觀彌勒菩薩上生經」，對彌勒淨土之勝境，有詳細之描述。對修行上生之法門，亦有詳細廣說，頗爲細密。

當世尊自己演說百億陀羅尼門時，彌勒悟解過人，當下卽得百萬億陀羅尼門，而得佛授記。本經就是在這樣的因緣下，佛陀爲大衆解說，彌勒上生兜率陀天的事宜，並廣說其勝境，及修行法門。

二、兜率陀天勝境

兜率淨土，最初先由五百億天子，造外衆寶宮殿，次有一大神名牢度跋提造善法堂，後由五位大神，莊嚴內外二院種種嚴飾。

諸百億天子，各人爲對彌勒菩薩表示尊敬，各人脫下由旃檀香摩尼寶珠所做的寶冠，作爲供養之物。諸天子發願，當彌勒成佛時，願隨彼佛下生，莊嚴國界，得受記作佛，願寶冠能化作供養之資具。是時諸寶冠化作五百億寶宮；每一寶宮，有七重圍垣莊嚴；每一圍垣，都由金、銀、琉璃、硨磲、赤珠、玻璃、瑪瑙等七寶裝飾而成；每一寶物，都放出五百億光明；每一光明中，出現五百億蓮花；每一蓮花，化作七寶行樹；每一樹葉，有五百億寶色；每一寶色，都現出黃色金光；每一金光，現出五百億諸天寶女；每一寶女，住立樹下，手執百億寶，無數的瓔珞，發出微妙的音樂，宣演不退轉地法輪之音，聽聞此種聲音，則由聞而思行修，超凡入聖，而證佛果。淨土的七寶行樹，不只是莊嚴寶垣而已，並且經過微風吹動，彼此樹葉互相碰觸，演說佛法之妙音，演說苦、空、無常、無我諸波羅密。

諸天子造外宮殿，有了宮殿，行樹莊嚴，還要有說法的講堂，由牢度跋提大神，發心爲彌勒菩薩自己所住，及說法的處所建一法堂——彌勒內院。大神造宮殿，也是妙寶莊嚴，希有之極。

後又有五大神莊嚴內外宮殿。第一大神，名叫寶幢大神，能以神通威力，身雨七種妙寶，散布於宮殿之牆內，同時每一寶珠，又能變化成無量琵琶、弦、簫，種種樂器，懸於空中，不需人去敲擊，自然發出美妙音響，使人聽了，非常舒適心懷。

第二大神，以戒德莊嚴，能身雨衆花，彌覆於宮牆之上，且能於每一華上，化成華蓋，每一華蓋有百千幢幡以爲導引。

第三大神，名叫香音大神，大神身毛孔中能發出旃檀香，經過燃燒後，結成香雲，冉冉而昇，化作百寶顏色，光華燦爛，圍繞宮殿七匝。

第四大神，名叫喜樂大神，身得自在，能雨如意珠，不只是莊嚴寶幡，寶幢，而且還能顯說種種法音，利益人天。

第五大神，名叫正音聲大神，以大神力能使身上所有毛孔流出衆水，一一水上又能出生五百億華，莊嚴衆德，又出現二十五位玉女，每一玉女，又能從毛孔中發出種種音聲，使衆生憶念諸佛法功德。

這是兜率陀天，微妙清淨，殊勝法喜之樂。

三、彌勒上生

世尊說彌勒上生經，爲彌勒授記作佛後之十二年，二月十五日彌勒就要涅槃。彌勒入滅是以盤腿結跏趺坐化，命終之後，身發紫磨金色，栩栩如生，並且身放光明，鮮艷無比，而且是全身的舍利，如鑄金的菩薩像，不動不搖，有定慧之圓光。因此得到天人大衆無量珍寶，而建造一座莊嚴妙塔，作爲供養舍利之用。

彌勒菩薩離開這個世界，當時神識即能上生兜率天，在善法堂之七寶所成的臺內，摩尼寶莊嚴的宮殿上之師子座，忽然化生，在蓮花上結跏趺坐。菩薩的身量有十六由旬，巨大無比，有三十二相，八十種好，完全具足。頂上有肉髻，髮色是紺青碧琉璃色，其天冠，由二種寶所莊嚴，一是如意珠，一是甄叔迦寶，有百千萬億之數，嵌飾於菩薩的寶冠之上，華麗奪目。

菩薩天冠中，能現無量化佛，及諸化菩薩，他方諸菩薩亦作十八變，住在天冠中。

彌勒菩薩之眉間，有白毫相光，流出衆光，作百寶色八十種好，亦有百億寶色。三十二相中，有五百億寶色，頗具莊嚴威儀。

當彌勒上生後，兜率天中的無量諸天人，大家各各坐於蓮花之上，聽菩薩於晝夜六時恆常說法，每一座說法，就能够使五百億天子獲得究竟法樂；不退轉於無上正等正覺，使每一天子，皆能發菩提心，修菩薩行。就這樣，菩薩以大悲心，精進心，教化無量天子，能於晝夜，恆說不退轉之無上菩提大法。

那麼彌勒菩薩，何時下生成佛呢？經中說在這個世界五十六億萬歲以後，才能下生人間，出家，成佛，說法度生。同時彌勒下生之世，是一太平盛世，人民安樂自在，豐衣足食，國界安寧祥和。所以，現在某些教派常說，現在釋迦已退位，彌勒掌天盤，實在是沒有經典根據的無稽之談，如果不讀經典，就難以分辨涇渭了。

四、往生修行法門

彌勒內院，清淨莊嚴，微妙殊勝，有三種人，可以上生彼國，第一種人，不管是出家的比丘，及在家菩薩大衆，眞能發菩提心者，爲救衆生生死苦，寧可不厭生死，在三界中利樂有情。第二種人，是一般愛敬無上菩提心者，希望將來成佛者。第三種人，是願爲彌勒菩薩作弟子者，隨彌勒下生，再返娑婆，廣度衆生，助佛教化。

要往生兜率淨土，有五種修持方法。第一是持五戒，不殺生，不偷盜，不邪淫，不妄語，不飮酒。第二是八關齋戒，除五戒中的不邪淫，改爲不淫戒外，再加不著香花鬘，歌舞觀聽，不坐高廣大床，不非時食。第三是具足戒，這是指沙彌、沙彌尼十戒，比丘二百五十戒，比丘尼三百四十八戒，圓滿授受爲具足戒。第四是身心精進，不求斷結。心存慈悲利他之心，不爲個人斷除煩惱。第五是修十善業道。除了五種戒善功德外，還要對兜率陀天的微妙清淨，殊勝法喜，產生欣羨之心，引發欲求上生兜率之本願，如此觀照才有上生之可能。

彌陀淨土有九品往生的等級，彌勒淨土，按所修功德之大小，有三種品級。勤修六事行法，持戒行，敬塔行，等持行，誦經行，讀經行，則可往生上品。

上品上生，必須修六事法門，中品上生，只要尙名歡喜，恭敬禮拜，淸淨三業，恭敬，讚歎，發願，卽可中品往生。

如果衆生，雖受禁戒，不能護持淸淨戒品，而造衆惡，但只要聞彌勒菩薩而悔過，惡業消除，亦得下品往生。末法時代，能聞菩薩名，造菩薩像，供養香、花、衣服、繒蓋、幢、幡、恭敬禮拜，心繫口念菩薩名號，能依此十法修行，決定下品往生。

五、結　語

念佛能消滅罪業，消災障，吾人生於世間，時受色聲之迷惑，心不能定，而造諸惡業。此時，可利用見色之時起觀想，稱念彌勒名號，卽能仗彌勒之悲願，消除業障，除卻無始以來一千二百劫生死之罪業。

只要聽到彌勒之名稱，內心生起恭敬心，合掌恭敬，仗彌勒之願力，可以滅除五十劫生死之罪。如果能誠心恭敬禮拜，滅罪功能更大，可除百億劫罪。可見彌勒法門之方便殊勝。

如果未能依法修持，無法生天，將來彌勒在龍華樹下，成正覺時，初轉法輪，所度衆生有九十六億人，二轉法輪時，度生九十二億人。三轉法輪時，度衆九十二億人。所以卽使不能當生成就，也得佛授記，在龍華會上相逢時，皆可得度。這是彌勒法門的殊勝處。

民國六十六年八月三日於學不厭齋

第十六章　藥師經淺說

一、前　言

本經的全稱，應爲「藥師琉璃光如來本願功德經」，佛陀出世，是要救濟衆生，拔除衆生身心的種種病患，所以佛是大醫王，大藥師。衆生有八萬四千煩惱，佛就有八萬四千法門來對治。所以一切諸佛，都是無上大醫王，大藥師，只是因東方淨土的如來，特別重視消災兗難，特別重於治理衆生身病，因此以藥師爲名。這是佛法爲救治衆生的種種病苦，才有消災兗難的法門，來利益現實人生。

世尊開創佛教，爲了適應不同的根器，所以開示了西方淨土的彌陀法門，與東方淨土的藥師法門。過去很多人認爲佛教專爲度亡的，專追求死後的極樂世界，對現實人生，毫無利益可言。其實這是不正確的觀念，像藥師法門，就是可以得到現世的安樂。

我們中國，自古以來，先聖先賢所重視的，正是由修身齊家，治國平天下，而完成人生的道德理想。民心所祈求的，也是風調雨順，國泰民安，追求的是現實人生的平安幸福，幾乎沒有在追求死後的問題。藥師法門，與我們中國人，可說是頗為相契的。

本經傳來中國，共有五次翻譯，現在通行的版本，是唐玄奘三藏所譯。

二、藥師佛因地十二大願

藥師佛之所以證得佛果，成就清淨莊嚴的世界，是因在過去生中，行菩薩道時，以大悲心，發十二大願，要滿足眾生的願望。令諸有情，所有希求，皆能獲得。

第一大願：生佛平等願

願來世證得無上菩提時，自身能放射大光明，照耀無量無邊世界。以三十二大丈夫相，八十隨形好，莊嚴其身。藥師佛的本願，不但希望自己身相光明，眾好具足，而且還希望，令一切有情，皆如自己一樣，平等無有差異。佛證得無上正覺時，大地眾生無不是佛，眾生與佛平等。

第二大願：開曉事業願

願我來世，證得無上菩提時，身相猶如琉璃寶，內外明徹，淨潔得毫無瑕疵垢穢。藥師如來的身光，光明廣大，功德莊嚴，照及幽冥的苦惱眾生，使其痴暗心眼，悉蒙開曉，而能隨順各人的心意，有所趣求。作諸事業。佛放光時，住在黑暗世界，一向不見光明，不聞佛號的衆生，受到佛的光明照了，就得智慧開曉，隨自己的意趣，做他樂意做的種種事業。

第三大願：無盡資生願

藥師如來的悲願，在證得菩提時，不但要使衆生獲得謀生的能力，而且要以無量無邊的智慧方便，生產多量的受用物資，令一切有情，凡有需求，皆能受用無盡，絕不讓衆生，在日用上有所缺乏，要讓衆生，能過著安樂富足的生活。

第四大願：安立大道願

如果失去正知正見，而誤入邪道，在菩薩成佛時，都要讓他們捨棄邪道。擺脫惡趣，而安住於菩提道中。如果是聲聞獨覺的小乘行者，皆要以大乘究竟法門而安立之。

第五大願：戒行清淨願

如果有無量無邊的有情衆生，於藥師法門中，修行梵行，在藥師佛土的淨法中修行、受戒，一切都可獲得圓滿的不缺戒，能持戒清淨。仰仗藥師慈光威德加被，受戒的都能圓滿受持，而且都能具足大乘菩薩的三聚戒。沒有衆生毀犯了禁戒，但由聽我佛的名字，還可得到清淨，消除罪業，自然也就不墮惡趣了。

第六大願：諸根具足願

願將來成正覺時，如果有衆生，因罪業所感，而得下劣身，身體短小，畸形缺陷等諸根不具，或是耳聾眼瞎，啞巴駝背，神經反常等，世間最難治的病，但聽了藥師如來的名號，或一心稱念；禮拜供養，蒙藥師佛的威德加被，一切皆得救治。不獨身體有疾病、殘缺的衆生，可因聞佛名號，而轉爲端正，卽是心理不健全的各種病患，也可因佛而好轉，以獲致身心端嚴的理想人生。

第七大願：身心康樂願

願將來成佛的時候，若諸有情衆生，受諸苦的侵害，無錢買藥，無依無靠，疾病纏身，但一聞藥師之佛號，卽可令衆病消除，身心安樂，而且能進修福德智慧，一直到證得無上菩提。

第八大願：轉女成男願

女人比男人，在心理生理上，有較多的煩惱痛苦。如果有女人受百惡所逼惱，願捨女身，一聽到藥師如來的名號，一心稱念，禮敬供養，皆得轉女成男，具足大丈夫相。由此修行，卽可證得無上菩提。

第九大願：回邪歸正願

藥師如來在因地發願，要令一切有情，遠離惡魔，解脫一切外道的纏縛。如有衆生受到外道邪見的束縛，藥師佛，也使他得以解脫，歸向正法，用種種方便，使出離邪見，得到佛法的正見，修習諸菩薩行，而速證無上菩提。

第十大願：從縛得脫願

這是藥師如來，在因地時，發大悲願，濟拔犯法受禁的衆生。如有衆生，因犯罪或受枉而受法律制裁，禁於牢獄中，受到無量災難的欺凌侮辱，身心感受無邊的痛苦。受刑罪災難的有情，若聽到藥師如來的名號，由於藥師的圓滿福德力的加被，便得解脫一切災難，免作痛苦。

第十一大願：得妙飲食願

若諸有情，生活困難，而受饑渴所逼，爲了維持生存，造下重大的惡業，這些饑寒無衣無食的衆生，若聞藥師名號，專心憶念，那麼當以上妙飲食，飽足其身，再以無上的法味，使他們在佛法中，得到畢竟安樂。

第十二大願：得妙衣具願

若諸有情，因爲貧窮困難，無衣服穿，又爲蚊蠅所苦，藥師如來悲愍衆生，願使這些苦惱衆生，得到安樂，所以只要聞藥師如來的名號，專心稱念，如法受持，那麼，承藥師如來本願的功德威神力，卽能隨貧苦衆生的心意，而令他得到滿足。

從以上這十二大願，可以看出藥師如來的悲心，他要讓現實的人生，有正確的思想，合理的行爲，豐富的生活；要安慰痛苦，救治貧病，彌補缺陷；不僅注重物質生活，也重視精神的娛樂。

三、救濟衆生的利益

(一)聞名憶念益

(1)離慳吝貪惜惡——如果是因貪吝而墮入惡趣的衆生，由於往昔在人間的時候，曾聽到藥師如來的名號，有意無意中稱念過，在心中留下種子，當他墮在惡趣中，突然憶起藥師如來名號，而生恭敬心，就在這個時候，立卽結束苦難的生命，還生人中。

(2)離毀犯見慢惡——學佛法的人，有時會破壞戒律，誤入歧途，應墮入惡道受苦，但如能稱念藥師如來的聖號，而得到慈悲願力的加被，而改惡向善，不致墮落惡道。

(3)離嫉妬誹謗惡——從嫉妬心出發，自讚毀他，當墮惡道受苦，命終生人間作牛馬，被鞭打，負重而行；或爲人，則居下賤，供人驅役。如果在往昔曾聽聞藥師如來聖號，而現在憶起時，生慚愧心，至心皈依藥師如來，佛便以大威神力，慈愍護念，使完全得到解脫。

(4)離鬪訟咒詛惡——從瞋恨心出發，產生鬪訟咒詛。如果有人受到惡咒的毒害，只要他聽聞了藥師如來的名號，便可承其慈悲威力，使惡咒，失去效力，不能危害人。得到藥師如來威力的加持，不但一切惡事不能侵害，而且能增進彼此間的和樂相處，起慈悲心，增進利益，得到安樂。

(5)得往生淨土益——如果發願往生西方極樂世界，而沒有把握的衆生，若能持念藥師如來的名號，稱念如來本願功德力，便可得到助力，臨終有八大菩薩——文殊師利、觀世音、大勢至、無盡意、寶檀華、藥王、藥上、彌勒等八大菩薩，乘空而來，指示往生淨土的道路，而在蓮花中化生。

(6)得上生天國益——或有衆生，因聞藥師如來名號，以此功德而生於天上。雖生天上享受天福，等到天壽終了，而本有的生天善根，亦未能窮盡，所以不會墮入惡道，不會像一般的天人，有墮落的可能。

(7)得還生人間益——在天上壽盡的時候，自然還生人間，或爲轉輪聖王，或生刹帝利，婆羅門，居士大家。具備了產業豐富，形貌端嚴，眷屬具足，聰明智慧，勇敢強健等條件，是美滿幸福的人生。

(8)得轉生丈夫益——如果本來是女人，因聞藥師如來名號，而至心受持，便能永遠不受女身。

㈡持咒治病益

藥師如來，發大慈悲，欲令一切衆生病苦，皆得消除，使其所欲求的消災延壽的願望，能够得到滿足，所以又稱說秘密陀羅尼，衆生如有病苦，虔誠持念藥師咒，便可病根拔除，恢復健康。

藥師咒，就是我們衆生有病苦時，向藥師如來懇求救濟的一種密碼，只要至心持念，自然就會與藥師的慈悲願力，發生交感作用，而達到消除病苦的目的。

假如有人染患病苦，我們應一心爲病人，持誦藥師咒。替病人持咒，必須身口意清淨，用病人吃的食物，湯藥、或淨水，持咒一百零八遍，然後給病人服食。如此病人所有的病苦，皆可消除。

㈢供養受持益

奉行藥師法，凡有所求，皆能如願，求長壽得長壽，求富饒得富饒，求官位得官位，求男女得男女。藥師法門，對現生樂，是相當重視的。

家庭中，如有怪異的現象，如房屋巨響，器盃自破，夜出怪聲，只要供養藥師如來佛，諸種百怪，不吉祥的事情，都會自然消失。

各種火災、水災、刀災、兵災等，只要恭敬供養藥師如來，那麼一切怖畏的災難，皆得解脫。凡欲求消災免難，就得至心稱念藥師如來的名號，以消除宿業，長養慈悲心，消除瞋毒之心，而後災難始能消除。

國家的內憂外患，也可因恭敬供養藥師如來，而得到解脫。

違犯戒律的衆生，至心稱念聖號，亦可消除罪垢，免墮三惡道。

女人生產時，有難產的痛若，如能至心稱念，禮贊，恭敬供養藥師如來，一切難產的痛苦皆可消除。

凡諸有情，若聞世尊藥師琉璃光如來名號，而已淨心，至心受持憶念恭敬供養，不生絲毫懷疑，那絕對不可能還會墮入惡道裏去的。

四、消災延壽法門

如有人受病苦折磨，即將面臨死亡，親友可依藥師法門，爲他消災延壽。其法如下：

(1)病人的父母、親屬、朋友等要誠懇地爲他皈依世尊藥師琉璃光如來。

(2)請高僧大德，一徧一徧地轉誦藥師如來本願功德經，四十九徧。

(3)燃七層長明燈，每層七盞，共四十九盞，以象徵生命光輝的延續。

(4)懸掛五種彩色的長幡，幡上寫藥師琉璃光如來的聖號，叫續命神幡，意思是延續病者的生命。

凡是有病難，依此法可以延命，有國難，依此法亦可延命，有衆難，依此法亦可延命。這是藥師法門，獨特的消災延壽方法，可以消除衆生的病苦，增進福慧，利樂人生。

五、結　語

唐宋後之中國佛教，偏於度亡方面，大都宏揚彌陀法門，往往使人誤解，以爲佛教只重視死後的世界，對於現實人生，好像不太關心似的。事實上，佛教有八萬四千法門，每一法門有每一法門之殊勝，可以適應不同根性之衆生，像藥師法門，重視的就是現世的安樂，資生的事業，以促進現實人生的幸福。

佛說本經，強調藥師如來，在因地時修行之願力，我們今日學佛，亦應將藥師如來，發願修行之方法，牢記於心，將此娑婆世界，建設爲人間的淨土。

民國六十六年七月二十八日於學不厭齋

第十七章　佛說盂蘭盆經淺說

一、前　言

現在佛教界每年到了農曆七月十五日，都有盂蘭盆會。可是一般善男信女對於盂蘭盆會的原始意義，未必完全曉得。要想瞭解盂蘭盆會的眞正意義，就必須讀「佛說盂蘭盆經」。

所謂「盂蘭盆」，是華梵合併之音，「盂蘭」是印度梵語，華文譯爲倒懸；盆是華語，是用器。一個人如果頭朝下，脚朝上，就叫倒懸，是很痛苦的。這部經就是因爲目連尊者的母親墮入餓鬼道，受饑渴苦，欲食不得，此種痛苦猶如倒懸一般。佛陀爲目連尊者解說如何解救母親的痛苦，而說了這部經。

我們中國最早有盂蘭盆會是在梁武帝大同四年，初時梁武帝依佛制設齋供佛及僧；可是演變到後來變爲施鬼神食。現在民間每到中元普度，大事殺生祭祀鬼神，更是違背佛陀的原意！

本經是在西晉時由三藏法師翻譯成中文，玆將本經大意介紹如下：

二、佛說本經因緣

目連尊者在佛陀的弟子當中是屬「神通第一」，在他跟佛陀出家後不久，因爲具有宿世善根，所以很快地證得羅漢果，獲得六種神通。目連成道後，第一件事就是想要報父母恩，救度先亡父母。於是目連以天眼通觀察，發現他的母親已經墮入鬼道。一般地說，餓鬼有三種障礙：一種是外障——此類餓鬼常受餓渴，唇口乾焦，處處求食，遇到泉水想喝，泉水馬上變成膿血，無法飲用。一種是內障——肚子很大，咽喉很小如針，口如火炬，無法飲食。一種是無障——雖然可以飲食，然隨其所飲之物皆被燒焦，變成火炭。

目連的母親旣墮入餓鬼道，當然要遭受飢渴的痛苦；目連見到母親飢渴不堪，瘦得皮骨連立，很是悲哀，痛哭流涕。於是目連以他的神通力量將飯食運送到母親那裏，他的母親一得到鉢飯，便用手遮障住鉢飯，怕被別人見到搶去，這種舉動正顯示過去慳貪的惡習未忘，所以食物一入口馬上化成火炭，無法食用。目連的母親慳貪不只一世二世慳貪，而是多生多世慳貪，宿世業力的牽引，所以現在受餓鬼道的報應。卽使他的兒子已經證得六種神通，也無法解除其惡緣。

目連見到這種情狀，大哭大叫，傷心欲絕，知道自己的神通力量實在敵不過業力的牽引，無法解救他母親的痛苦，於是目連很著急地跑去向佛陀報告，請求佛陀解救！

三、盂蘭盆供法

佛陀告訴目連說：「你的母親罪根深長，已有五百世的慳貪，膠固難解。雖然你孝順感動天地，且獲得六通，也無法解救你母親的苦難，必須靠十方衆僧威神之力才能得到解脫！每年由四月十五日至七月十五日，是衆僧結夏安居日，不許遠行，應加緊靜修用功。到七月十五日這天，就是解夏日，也是「佛歡喜日」，也是衆僧自恣日。所謂自恣就是自己檢點，如發覺自己有過失，應對人陳露懺悔；如他人所擧，亦應對衆僧懺悔。當此之日，一切聖衆，個個精持律儀，身、口、意三業清淨，此時設齋供僧，功德最殊勝！」所以佛陀要目連這天準備飯食百味五果、汲灌盆器、香油錠燭，世上最珍貴的食物都著在盂蘭盆供中供養十方大德衆僧。衆僧接受供養時，自當先爲施主念咒祝福，求其消災，使生者獲福，亡者超昇。

目連卽遵照佛意，在七月十五日設盆供齋僧，其母親卽於是日，仰仗衆僧威神之力，脫離餓鬼之苦。

四、盂蘭盆供之功德

如果能在佛歡喜日供養淸淨之自恣僧者，能使現世父母六親眷屬得出三塗之苦，應時解脫，衣食自然。乃至七世父母都能離餓鬼苦，生人天中，福樂無極。如果父母現在者，亦能福樂百年，長壽無病，無一切苦惱之患。

盂蘭盆會之功德殊勝，所以佛弟子修孝順者，應念念中常憶父母，乃至七世父母，爲作盂蘭盆施佛及僧，以報父母長養慈愛之恩！

五、本經之主旨

本經之主旨可說不出「孝順」二字，佛教到底講不講孝道呢？從本經看來，佛教不僅講孝，而且是大孝，究竟的孝。佛教講的孝不僅注意生前，而且重視死後。讓父母衣食不缺，長壽無病，福樂百年，無一切苦惱之患，是現實的孝。使父母能了生脫死，脫離六道輪廻，這是出世的孝。不僅要使父母現實安樂，且要拔死後之苦；不僅要孝敬今生今世之父母，那多生多世以來的父母亦當孝敬，這是佛家究竟的孝道思想。

六、結語

世人未讀佛經固不明瞭「盂蘭盆會」之實際意義，只知施鬼神食，而不知孝思父母，實在失去意義！民間習俗更是無知，每到「中元節」，大量殺鷄宰鴨祭拜孤魂，除增加殺業之外，對孤魂實無利益。過去有一羅漢，見某家辦喜事，寫下一詩偈云：「此事罕今古，子孫娶祖母；犬羊來賓坐，外婆鍋裏煮。」佛教戒殺生亦是實現孝道的過程之一，否則多生多世以來之父母眞難逃鍋裏煮的命運。願雲禪師云：「千百年來盌裏羹，寃魂似海恨難平；欲知世上刀兵刼，但聽屠門夜半聲。」民間拜神，殺鷄殺豬，眞是造下無邊的殺業！甚至有殺豬公爲父母祝壽者，除增造殺業外，實無益處可談。願世之慈孝者，應於佛歡喜日緬懷孝思，戒殺放生，才能增加父母之福慧。

民國六十五年七月二十三日於松石園

第十八章　地藏菩薩本願經淺說

一、前　言

文殊的大智，觀音的大悲，地藏的大願，普賢的大行，可以代表佛法的精神。地藏菩薩在釋迦的佛法中，正是代表大願的實踐者，從地藏菩薩的大願，可以看出菩薩救度衆生的精神；地藏菩薩的願力，可供我們修學佛法的榜樣。

地藏菩薩本願經，對地藏菩薩的大悲大願，有詳細的敍述，這是佛陀在忉利天爲天人所演說的。這是因爲佛陀的母親摩耶夫人，在佛陀誕生七日後逝世，而上升到忉利天，一直到佛陀出家成道，一生說法，直到八十歲，就快要涅槃時，還未見到他的母親，佛陀爲了要報母恩，所以上升到忉利天說法。同時也是因爲佛陀當時受到外道的誹謗，批評佛陀出家，連自己父母都不養，是個忘恩負義的人。佛陀爲了破除外道的誹謗，所以上升到忉利天，爲母說地藏經，證明佛法不僅要度現世的父母，還要像地藏菩薩累世發願，救度先亡，報答親恩。

佛陀說法一生，將入涅槃，仍有罪業衆生，剛強難伏，在六道輪廻，出苦無期，所以要地藏菩薩繼起，負此度生責任，以待彌勒下生，龍華三會，共成佛道。佛陀也因爲這個緣故，而演說了地藏菩薩本願經。

二、地藏菩薩的本願

本經主要是以闡揚地藏菩薩的願力爲主，地藏菩薩從因地以來，爲了度脫一切衆生，已經發過很多的大誓願，多生多世以來，努力救脫一切罪苦衆生，都是在實踐他的誓願。地藏菩薩在過去世時，身爲大長者子，當時有佛，名叫師子奮迅具足萬行如來，他看到佛相美好，福德莊嚴，所以請問佛是作何行願，而得此相？佛告訴他，要得此相美好，必須度脫一切受苦衆生。這時大長者子，因此發願，願盡未來際不可計劫，爲罪苦六道衆生；廣設方便，使衆生離苦得樂，而我自身方成佛道。

地藏菩薩在過去，曾出生爲婆羅門女，當時有佛，號曰覺華定自在王如來。當時婆羅門女，宿福深厚，衆所欽敬，可惜其母信邪，常輕三寶，不久命終，魂神墮在無間地獄。婆羅門女，廣設香花淨品供佛，布施覺華定自在王如來塔寺，所以不僅其母得脫地獄，就是無間罪人，亦同時享樂。婆羅門女因此大受感動，而發大願，願盡未來際，應爲罪苦衆生，廣設方便，使令解脫。

在過去世，有佛名叫一切智成就如來，未出家成佛時，是一小國王，跟鄰國王為友，同行十善，當時國內所有人民，多造衆惡，二王計議廣設方便，一王發願，願早成佛道，當度是輩，使脫離罪惡。一王發願，若不先度罪苦，令是安樂，得至菩提，我終未願成佛。發願先成佛後度生的就是一切智成就如來，發願先度生後成佛的，就是現在的地藏菩薩。

在過去清淨蓮華目如來時代，地藏菩薩的前世，出生為光目女，當時光目女之母，死後墮入惡道，受無窮的痛苦，所以光目女發願，若得我母永離三塗，及斯下賤，乃至女人之身，永劫不受者，願我自今日後，對清淨蓮華目如來像前，卻後百千萬億劫，應有世界，所有地獄，及三惡道，諸罪苦衆生，誓願救拔，令離地獄惡趣，畜生餓鬼等！如是罪報等人盡成佛竟，我然後方成正覺。

從地藏菩薩過去幾世中的發願，我們可以看出菩薩為度脫罪苦，而甘自受苦的志願態度，的確令人崇敬，這種利他和犧牲的精神，可說是無出其右。

三、無間地獄的苦處

無間地獄就是阿鼻地獄，是經中所說八大地獄中最苦的地方，是極惡之人所受的果報。

無間地獄，他的獄城周圍有八萬餘里，他的城純是鐵的，高有一萬里，城上都是火焰，沒有空隙，有鐵蛇鐵狗，吐出火來驅馳追逐，惡鬼夜叉，手爪像銅一般，拖著罪人，把罪人當做他的玩具一般玩弄，還有鐵鷹，啄啗罪人的眼睛，還有鐵蛇，絞住罪人的頸，四肢百節的骨節裏，都釘下很長的釘，有的拔他的舌頭，用耕犂來犂他，有的挖抽他的肚腸，有的用刀剉斬，有的用熱鐵纏縛他的身體，痛得罪人死去活來。

這個地獄，爲什麼叫無間地獄呢？這是因爲——

1. 時無間：在這個地獄裏，日日夜夜受苦，以至於地獄的劫數，沒有一些時間斷絕，所以叫無間。

2. 形無間：因業力所致，一人在地獄，亦見自身遍滿其間，地獄是滿的；多人在獄，地獄亦是滿的。

3. 苦無間：施罪的器用，沒有不齊全的，像叉棒鷹犬蛇狼等類，都是鐵的。罪人所受的毒痛苦楚，相連接的，更沒有一息間斷，這是受苦無間。

4. 果無間：不問是男是女，老幼貴賤，龍蛇鬼神，有了造罪行惡的業感，墮在地獄，都是同樣受苦的。

5.命無間：如果一墮入這個地獄，從初入地獄，直到百千劫，在這期間的一日一夜，要受一萬回的生，一萬回的死，要求一念極促時間的暫停，也不可得到，要脫離罪苦，除非業報窮盡，方才投生爲人。如此連綿不斷，叫命無間。

這個地獄的確是相當痛苦的，那麼，具有何種業緣，會墮落到無間地獄呢？經中舉出五種惡緣如下：

1.若有衆生不孝父母，或至殺害，當墮無間地獄。

2.若有衆生，出佛身血，誹謗三寶，不敬尊經，當墮無間地獄。

3.若有衆生侵損常住，點汚僧尼，或伽藍內恣行淫欲，或殺或害，如是等輩，當墮無間地獄。

4.若有衆生，僞作沙門，心非沙門，破用常住，欺誑白衣，違背戒律，種種造惡，當墮無間地獄。

5.若有衆生，偷竊常住財物，穀米，飲食衣服，乃至一切不與取者，當墮無間地獄。

如果有了這五種惡緣，犯戒造重罪，就具備了阿鼻地獄的資格了。

四、地藏菩薩的說法

衆生因性識不定，或善或惡，隨境飄流，出入生死，沉淪六道。地藏菩薩從久遠以來，發廣大誓願，至今猶未度絕。那麼，地藏菩薩對愚頑的衆生，如何說法呢？

如果遇到有殺生的人，就說將來要受短命的報應，如遇著竊賊強盜，就給他說，你們這種人，將來要受貧窮苦楚報應的；倘若遇著邪淫的人，就給他說，你將來要受投做孔雀鴿子鴛鴦的報應的。

如果遇著駡人的人，就說將來要受自己眷屬鬬爭諍訟的果報；若遇著譏誹謗訕的人，就給他說你將來要受啞子，或口上生瘡的報應。

如果遇著發怒的人，就說你將來要受容貌醜陋，身體殘廢的報應；遇著慳貪的人，就說你將來爲謀衣食時，將無法滿足心願；倘若遇著飲食沒有節度的人，就說，你將來要受飢餓口渴，生咽喉病的報應。

如果遇著畋獵恣情的人，就給他說你將來要受驚嚇瘋狂喪命的果報。倘若遇著違悖忤逆父母的人，就給他說你將來要受天地的不容，犯劈殺的報應。若遇著放火燒山林草木的人，就給他說你將來要受癲狂癡迷自殺取死的報應。若遇從前父母，或是後來父母，兇惡狠毒，鞭打非親生子女的，就給他說，你將來投生做他的兒女，也要受這樣鞭打的報應。若遇著用網捕捉魚鳥雛卵的人，就給他說你將來也要受骨肉分離的果報。

倘若遇著誹謗三寶的人，就給他說，你將來要受做瞎子聾子，瘖瘂人的果報。若遇著輕視佛法，欺慢佛教的人，就給他說，你死了要永久的住在惡道裡受報應。倘若遇著破壞挪用常住東西的人，就給他說，你將來要在億萬劫的輪廻，和地獄受報應。若遇著汚瀆梵行，誣僧伽的人，就給他說，你將來要受永生當畜生的報應。

倘若遇著滾湯猛火泡炙生物的羽毛，或斬他的頭，砍他的脚，像這樣殺傷生物性命的人，就給他說，你將來轉世，照樣要受這種報應。倘若遇著破戒偷葷吃的僧人，就給他說，你將來要受做了禽獸，還要挨餓的報應。倘若遇著無理毀壞東西，亂用金錢的人，就給他說，將來要受所求缺乏的果報。若遇著貢高我慢的人，就給他說，將來要受低賤卑下人的果報。倘若遇著撥弄是非，使人家爭訟鬪亂的人，就給他說，你將來要受無舌百舌的報應。倘若遇著邪見的人，就說將來要投生到邊地去的果報。

有如是因，就有如是果，因果之理，絲毫不爽，對何等人，說何種法，這是菩薩說法的善巧方便。

五、本經所揭示的修學方法

本經闡揚因果業報，主張解除衆生現實的煩惱障，業障，罪障，所以，以稱名念佛的簡便方法爲正行，而以布施修福爲助行。

本經所列出應稱的佛號，有無邊身佛，寶性如來，波頭摩勝如來，師子吼如來，拘留孫佛，毘婆尸佛，寶勝如來，寶相如來，袈裟幢如來，大通山王如來，淨月佛，山王佛，智勝佛，淨名王佛，智成就佛，無上佛，妙聲佛，滿月佛，月面佛等。這些佛都是福德莊嚴，與此土衆生最爲有緣，所以只要至誠禮念一佛的名號，便得種種利益，獲福無量，何況是念這許多佛的名號！

如果有臨命終將要死的人，這病人的家屬，可以提高聲音，爲病人念一尊佛的名號，可以滅除無數的業報，更何況衆生能夠自己稱名念佛呢！不但可以獲得無量的福德，同時可以消除無量的罪障。

本經除倡導念佛外，還重視布施，因布施是救度衆生的出發點，是成佛的資糧。布施雖以心田爲主眼，但因布施的因緣差別不等，故獲報亦有勝劣之別。

如果有王族貴人，對貧賤下劣，六根不具的人，能慈悲攝受，親自布施，那麼其所獲之利，如施供一百恒河沙佛的功德一樣多。

如果有富貴長者，遇佛塔寺，佛菩薩，聲聞辟支佛的形像，能供養布施，則所獲之福，來世三劫爲釋天身，享受天福；如能將此功德廻向法界衆生，那末在未來世，當作大梵天王。

如果有人入寺禮佛，見塔寺壞了，經像破了，能發心供養布施，其所得之利，百千生中，常做轉輪勝王，若發心廻向，則可成佛道。

如果見到老病之人，或生產受難的婦女，若一念間，具大慈心，布施醫藥飲食，因此得報一百劫中爲淨居天王，二百劫中爲六欲天王，若能廻向，畢竟成佛。

如果有人遇大乘經典，或聽一偈一句，發殷重心，讚歎恭敬，布施供養，是人可獲無量無邊大果報。

行善布施，若能廻向法界，普利衆生，則所得之福報，無量無邊，乃至畢竟成佛，可是如果只廻向給自家眷屬，或個人利益，則只有三生受福。

六、結　語

本經因佛陀爲報母恩，而上升至忉利天，爲母親說法，演述了地藏菩薩累世的重願，皆因爲報母恩，救度母親，孝順母親，而發大誓願，要度盡一切罪苦衆生，這是因爲一切衆生皆是菩薩之母，一切衆生輾轉輪廻，都曾作過我的父母，所以要度盡衆生，方證菩提，地獄不空，誓不成佛。

因此可以宏揚孝道，作爲本經之主旨。在宏揚孝道思想，闡揚因果業報當中，讓我們體會了菩薩的大悲大願的犧牲及利他精神，的確是崇高偉大，令人肅然起敬的。

民國六十六年八月二十五日於學不厭齋

第十九章　觀無量壽經淺說

一、前　言

彌陀淨土法門，遍見於大乘經典中，而專說西方極樂世界淨土法門者，有三經一論，卽阿彌陀經，觀無量壽經，無量壽經，及往生論。印光大師又在淨土三經後，再加上楞嚴經的大勢至菩薩念佛圓通章，華嚴經的普賢行願品，爲淨土五經。

阿彌陀經，告訴我們，只要七日一心不亂，其人臨命終時，阿彌陀佛及諸聖衆，將現在其前。無量壽經，說阿彌陀佛所行所成及所攝化，二經對如何修持之方法，及如何進程，均較爲簡略。而觀無量壽經，對修持方法，則有詳細之敍述。觀無量壽佛，但觀眉間白毫，八萬四千相好，自然當現，見無量壽佛，卽見西方無量諸佛，見無量壽佛，則得諸佛現前授記。

本經詳晰導引，十六種觀法，令九品往生，咸登彼岸，故本經又叫「十六觀經」。如實按照這十六種觀法去觀想，必可橫超直入，決定往生西方極樂世界，這眞是生西之捷徑，無上之法門也。

本經是在劉宋時，一位印度來的三藏法師，名叫畺良耶舍翻譯成中文的，他是印度人，在宋元嘉初年，來到中國，精通三藏，專修禪門。譯有藥王藥上經，及本經。

二、說經因緣

當佛陀和許多菩薩、大比丘，在耆闍崛山的時候，在王舍城裏頭，有一位太子，名叫阿闍世，他有一個壞朋友，名叫調達。阿闍世聽從了調達的壞主意，把他的父王頻婆娑羅關起來，關在很黑暗的七重深的房屋裏頭，並且禁止羣臣，不得到頻婆娑羅王的房屋裏頭去。

王后韋提希，擔心國王會餓死，所以她把自己的身體洗浴乾淨，再把酥蜜和麩調成的食品，塗在身上，又在他頸項上所掛的許多瓔珞的珠寶裏頭，都裝了葡萄汁，偷偷地獻給國王吃。

國王吃後，即用清水漱口，然後恭敬合掌，遙遙地向耆闍崛山，向世尊禮拜，並且禱告說，大目犍連，是我的親友，希望大發慈悲心，教我八種戒法。

目犍連聽到了，很快地從耆闍崛山，飛到國王的關中，把八種戒法教授國王。世尊也派了最會說法的弟子富樓那，去爲國王演說佛法，如此經過了二十一日。國王吃到了麩蜜做的食品，又聽了富樓那的演說佛法，所以面上現出了和順快樂的顏色。阿闍世問守門的人，何以國王到現在還活著。守門人告訴他，這是因爲王后的獻食，及沙門目連，及富樓那，從空中來爲王說法，無法禁制。阿闍世聽了，非常痛恨母親，欲害其母，後來因爲臣子月光，及阿闍世的弟弟耆婆的勸告，而沒有加害母親。但母親亦被幽禁在深宮中，不可外出。

王后韋提希，被幽閉宮中，憂愁憔悴，只好遙遙地向在耆闍崛山的世尊禮拜。並且禱告說，從前佛陀常差阿難來向我安慰，問好，現在我很愁悶，要想見佛，但因佛的威嚴莊重，沒有緣由能够見到，我願世尊能差目連尊者、同阿難，來我這裏，同我見面。王后禱告後，禮拜完畢，抬頭即見佛陀同目連、阿難，同現在宮中。

韋提希見到了世尊，馬上問佛道：我在前世造了什麼罪業，今世竟生出這樣凶惡的兒子來，佛和提婆達多，有什麼因緣，會和這種惡人成了眷屬？我現在只希望佛爲我解說沒有憂愁煩惱的地方，我要生到那地方去，我不喜歡住在閻浮提南贍部洲。因爲這五濁惡世，到處布滿了地獄、惡鬼、畜生。我願意下一世永遠聽不到惡的聲音，永遠見不到惡心的人。現在我最恭敬地向佛頂禮，求佛哀憐我，把我從前所造諸惡業，完全懺除。但願世尊能教我觀照到清淨善業的世界。

這時佛陀見到韋提希虔誠求佛，於是在兩眉間放光，十方一切的佛所住所教化的清淨世界，都在佛頂上的光所化成的金臺，顯現出來。

韋提希見到了佛所放的光裏頭，有許多佛住的國土，各個清淨奇妙，但是韋提希，喜歡生到只有樂，沒有苦的極樂世界，阿彌陀佛所住的國土去。所以世尊演說本經，教授定心觀照，往生西方極樂世界之妙法。

三、欲生西方當修三福

西方極樂世界，阿彌陀佛的國土，離我們這裏並不遠，只要不斷地想念阿彌陀佛，詳詳細細地觀想阿彌陀佛的極樂世界，在那裏的人，都是修成了淨業，只要一心去觀照，有願心修淨業的人，都能生到西方極樂國土去。

凡是要生到西方極樂國土的人，應該要修三種福業。第一種福是孝養父母，敬重父母，親愛父母，事事依順父母，不可使父母憂愁不快活。要奉事師長，尊師重道。要發大慈悲心，不可以殺害有生命的東西。要廣修十善業！不殺生，不偷盜，不邪淫，不妄語，不兩舌，不惡口，不綺語，不貪心，不瞋恚，不邪見。

第二種福是領受三皈依法，皈依佛，皈依法，皈依僧，要嚴守種種戒法，行住坐臥，都要端正、莊嚴、有威儀。

第三種福是發菩提心，要成佛的大道心，深信因果的道理，讀誦大乘經典，並且也能勸進他人發道心，利益他人。

這三種福，就是修淨業的種子，發願往生西方極樂世界的人，當先修這三福，這是三世諸佛，修淨業的正因。

四、觀想西方極樂世界

要觀想極樂世界，應當要一心一意，把念頭歸在一處，不要想到別處去，要專心想念西方。如何觀想呢？要面向西方，太陽要落下去的地方，把自己的心盯住太陽，專心想念這個太陽，那就能見到太陽要落下去時的形狀，像在空中懸掛著的一面鼓，而且要閉眼開眼，都能够看得明明白白，清清楚楚，這樣的觀想，叫日想，就是第一觀。

其次要觀想水，看到水是很清澈的，而且要使心意，清楚明白，不可有些分散雜亂的意念。見到水後，再把水觀想成冰，看見冰是透明的，再把冰觀想成琉璃。觀想成功，就能見到琉璃地，看琉璃地內外都是透明的，地下有金剛寶，同金銀，琉璃，玻璃，硨磲，赤珠，瑪瑙等七種寶貝做成的金幢，把這個琉璃地撐起來。這個金幢，是八角式的，八個角都完全，每面都是百寶裝成，每顆寶珠，都有千道光明，有八萬四千種顏色，都映在琉璃地上，像千億個太陽，一樣地明亮。在琉璃地上，以黃金繩來隔開道路，以七寶來分別種種界限，每一寶裏頭，都有五百種顏色的光放出來，這種光，像花，又像星月的光，掛在虛空裏頭，化成了一座很光明的寶臺。

還有很多的樓閣，每一樓閣，都是百寶合成的，在臺的二邊，有百億的奇花做成的幢，還有無數的樂器，莊嚴這琉璃地。八方的清風，從琉璃地上的種種光明裏吹來的，風吹到各種樂器上，自然會演說出苦、空、無常、無我，四種佛法的聲音來。這是水想，就是第二觀。

如果從事觀想的修行人，已經有了正定的工夫，看起極樂國土來，就够清清楚楚，明明白白，比初觀時，就大不相同了，實在無法全部說出來，這是地想，就是第三觀。如果能够觀想到極樂國地，那這個人，就可以免除八十億劫長時期的生死罪了，捨棄此生，到了下一世，一定能够往生到清淨的佛國去。

地想觀成了，又要觀想珍寶所成的寶樹了，一行一行的寶樹，排列整齊，有七重之多。每株寶樹，有八千由旬那麼高，樹上有七種寶貝的花，每一花葉，都有稀奇珍寶的顏色。

還有奇妙眞珠結成的寶網，周遍地遮蓋在七重寶樹上邊，每一株寶樹上，一重一重地蓋上七重珠網，中間還有天花做成的宮殿，像梵王天宮那樣的美麗莊嚴。

這些寶樹，一行一行排列整齊，葉與葉，瓣與瓣，都相隔有序，不雜亂，葉中又生出奇妙的花，花上自然有七寶果，一瓣樹葉直橫竟大到一千里路那麼大。樹葉的顏色，各各不同，有像天上的瓔珞，又有奇妙的花，像火輪盤一樣地旋轉，葉的中間，生出各種果，像忉利天帝釋的寶瓶，有很大的光明。在無量數的寶蓋裏頭，映現三千大千世界，所有佛做的教化衆生，救度衆生的一切事情，都能顯現出來，十方諸佛的國土也顯現出來。觀想得了了分明，這就是樹想，是第四觀。

觀想寶樹後，應再觀想八功德水。極樂世界有八功德水，池裏的水，都是七種珍寶變化而成的，這七種寶，都很柔軟，是從如意珠王生出來的。水中有六十億朶，七寶合成的蓮花，每一朶蓮花，有四百八十里那麼大。寶池裏的寶珠水，都會流灌到蓮花上去，沿著花梗，上去下來，這種水的聲音很奇妙，竟會演說苦，空、無我、無常及波羅密等佛法。

從如意珠王中間，湧出像黃金那樣的顏色，奇妙的光明，這種光又會變成爲一種百寶色鳥，鳥鳴的聲音，又和善，又雅致，常讚歎念佛、念法、念僧的功德。這就是八功德水想，是爲第五觀。

各種珍寶合成的國土，在東南西北四方的邊界上，有五百億座珍寶合成的樓，樓閣上面有無量數的天女，在那裏作天上的音樂。又有種種樂器，懸在空中，不鼓自鳴，在發出的種種聲音裏，都在演說念佛、念法、念僧。像這樣觀想成功了，就是粗見極樂世界的寶樹、寶地、寶池，所以是總觀想，名爲第六觀。

能够達到這種境界，可以滅除無量億劫，極重惡業，在臨命終時，一定能往生西方極樂世界。

五、觀想無量壽佛

想見無量壽佛，首先應觀想極樂世界，七寶合成的地上，生出蓮花，蓮花的花瓣葉上，有百種珍寶的顏色，葉瓣上有八萬四千條筋脈，每一筋脈，都能發出八萬四千道光來。小的蓮花葉，有一萬里那麼大，每株蓮花有八萬四千葉，在葉瓣中間，還有一百億顆摩尼珠，各各放出千道光明來。

在蓮花臺上，四角有四支臺柱那樣的寶幢，一支一支的寶幢，像百千萬億須彌山那樣高大，寶幢上有寶幔，就像夜摩天宮一樣的燦爛，一顆顆的寶珠，各有八萬四千道光，各現出八萬四千種金色，遍照極樂世界國土，凡是光所照到之處，皆變化成種種特別形相，或是變現成金剛臺，或作眞珠網，隨意變現作佛事，這是華座想，是爲第七觀。要觀想無量壽佛，先觀想花座，對于一珠、一光、一臺、一幢，皆令了了分明。觀想成功，可滅除五萬億劫生死之罪，一定能往生極樂世界。

已經觀想到了華座，就該接著觀想佛的身相，因爲諸佛都是法界身，都在衆生的心念裡，你們心想佛的時候，你的心就是佛的心，有三十二種好相，有八十種隨形好相，你的心常常想念佛，你的心就是佛的心了。所以應當一心一意地記住佛，想念佛，切切實實地觀想佛，能一心的觀想，就能觀想到三種德號的佛了。

要觀想無量壽佛，當先想佛的像，不論開眼閉眼，都見到一尊寶像，坐在極樂世界，七寶池裏的蓮花上。見到了佛像坐在那裡，心眼也跟著開了，淸淸楚楚地見到極樂世界的地上，全是七寶莊嚴而成的，寶地、寶池、寶樹，行列整齊，觀得了了分明。

觀想了無量壽佛的寶像，必須再觀想佛的左邊，有一朶很大的蓮花，上面坐的是觀世音菩薩的像，右邊也有一朶大蓮花，上面坐的是大勢至菩薩的像。觀想好了，佛菩薩的像，都放光明，金色的光照在寶樹上面，一一樹下，也有三朶蓮花，蓮花上也有一佛二菩薩的像，布滿了極樂世界。行者在入定出定時，皆能聽到諸鳥演說的佛法，如與經典所說相契合，那就是粗想見極樂世界，這是像想，名爲第八觀。

接著再觀無量壽佛身相光明，無量壽佛的身相，像百千萬億夜摩天上閻浮檀金那種顏色，佛的身高有六十萬億那由他恒河沙由旬。佛的眉間有一根白毫，向右旋轉，佛的兩眼，像四座大海的水，青白分明，身上的毛孔，也會變化出光明來。

無量壽佛頭頂上的圓光，像百億個三千大千世界那麼大。圓光中有無數的化佛，無數的化菩薩，以爲侍者。無量壽佛，有八萬四千相，一一相中，各有八萬四千隨形好，一一好中，又有八萬四千光明，一一光明遍照十方世界的念佛衆生。

要切實清楚的觀想無量壽佛，應在佛的八萬四千種相，八萬四千種好，各選一相一好，仔細觀想進去卽可。只要觀想佛眉間的白毫，觀想到極明白清楚，那麼佛的八萬四千相，及八萬四千種好，自然會顯現出來。能够見到無量壽佛，就能見到十方無量數諸佛了。因此諸佛會現前，爲他授記，這是徧觀一切色身相，名爲第九觀。

觀音菩薩的身長，有十八億那由他旬，身體是紫金色的，頭頂上有一個肉髻，項有圓光。觀世音菩薩，面如閻浮檀金色，眉間毫相，有七寶的顏色，放出八萬四千種光明。兩臂的顏色，像紅蓮花那樣，周圍會發出八十億微細奇妙的光明，變化成像瓔珞的樣子。

觀世音的手掌，有五百億種蓮花的顏色，十指端，有八萬四千種顏色，一一顏色又會發出八萬四千道光來，這種光照在人身上，很柔和，這八萬四千道光，普照一切。當觀世音菩薩提起足來走路時，足底下有千輻車輪的形相，而且自然化成五百億座光明臺。足放下去時，又有金剛摩尼珠，及各種花，散在各處。

觀世音菩薩的身相衆好具足，與佛無異，只有頂上肉髻，及無見頂相，不及世尊。這是觀觀世音菩薩眞實色身相，名爲第十觀。

大勢至菩薩的身量大小，和觀世音菩薩一樣，全身的光明，可以照見十方國土，都變化成紫金色。只要見到大勢至菩薩一根毛孔的光，就可以見到十方無量數諸佛，清淨微妙的光明。所以又叫無邊光。以智慧光，普遍照到一切衆生，使離開三惡道，而得到無上的大威力。

當大勢至菩薩走路的時候，十方世界所有的一切，都會震動起來，在國土震動的地方，有五百億朵寶花，很莊嚴、很美麗，像極樂世界一樣。菩薩坐時，七寶國土，都動搖起來，從下方的金光佛刹，到上方光明王佛刹，中間無數分身無量壽佛，分身觀世音，大勢至菩薩，都聚集在極樂國土，坐在蓮花臺上，演說有勝妙的佛法。作這種觀想，是觀大勢至菩薩色身相，名爲第十一觀。

觀想到這種境界時，應觀想自己已經生到西方極樂世界去了，身體在蓮花裡，結跏趺坐。觀想自己所坐的蓮花忽然開了，從中現出五百種顏色的光明來，照在自己的身上。再觀想自己的眼睛能夠睜開，見到許多佛菩薩，排滿在虛空裡。

極樂世界的水鳥樹林，都會發出聲音來，而且同諸佛一樣會演說佛法，且和十二部經所說的道理相契合。如果在出定時，還能憶持不忘，達到這種境界，就是見到了無量壽佛極樂世界了，這是普觀想，名爲第十二觀。

如果有人發極誠懇的心，要生到西方極樂世界去，應先觀想無量壽佛，一丈六尺的身像。佛的願力很大，只要有憶想的，皆能成就。觀音菩薩，大勢至菩薩，到任何地方，都變化成像衆生一樣的身相，但是只要觀看頭部，就知道是觀世音菩薩，或大勢至菩薩。這二尊菩薩，是幫助阿彌陀佛，普遍教化一切衆生的，所以身相變化不定，有時大相，有時小相，有時本來相，有時衆生相，所以叫雜觀想，這是第十三觀。

六、九品往生

往生西方極樂國土，因發心之不同，而有九種品位的高低。最高的第一品，叫上品上生。首先行者要發三種願心，第一要發極誠懇眞實，求往生的心；第二要有深切不變更，求往生的心；第三要把所修種種的功德，完全迴向到求往生的心。能發這三種願心，一定能够到極樂世界去。

還有三種衆生，也應該往生。第一有慈悲心，不殺害生命的人，能守住淨戒的人。第二是讀誦大乘經典，以及講方廣平等佛理經典的人。第三是修行念佛、念法、念僧、念戒、念施、念天，六種的人。把所修的功德，迴向西方極樂世界，具此功德，一日或七日，就能往生。

行者往生西方時，因發願誠懇，修行精進，所以得到阿彌陀佛、觀世音、大勢至及無數化佛等，放大光明，授手迎接。行者歡喜跳躍，見到自己的身體，坐在金剛臺裡，跟隨在佛的後面，只有一彈指的時間，就生到極樂世界了。在片刻的時間內，就能够經過、服侍諸佛，周徧到十方世界去，諸佛爲他授記成佛。這是上品上生。

上品中生的修行人，不一定要讀誦方等經典，只要瞭解佛經的義趣，相信因果道理，不毀謗大乘佛法。把這些功德迴向到西方極樂世界，當他臨命終時，阿彌陀佛、觀世音、大勢至，及無量大衆，持紫金臺，來授手迎接。在一念之間，就生到極樂世界的七寶池裡，紫金臺像一朵很大的珠寶裝飾成的蓮華，經過一夜，蓮花就開了，行者的身體作紫金色，足底下也有七寶蓮花。經過了七天，得無上智慧，永不退轉，而且能徧行到十方世界去，服侍十方一切諸佛，經過一小刼的時期，即可證到不生不滅，了脫生死的地位。這是上品中生。

上品下生的修行人，也是相信因果，不毀謗大乘佛法，而且能發最高無上求佛的心。把這種功德廻向到往生西方去，當他命終時，阿彌陀佛、觀世音、大勢至、與諸菩薩，化作五百佛，持金蓮花來迎接。他見到自己的身體坐在蓮花上，坐好花就合起來，跟隨在佛的後面，生到極樂世界的七寶池裡頭去了，經過一日一夜，蓮花開了，在七日之中，見到了佛，雖然見到了佛身，但對佛的諸種相好，還是不明白不清楚，到了二十一日之後，才完全明瞭。經過了三小刼的時期，智慧漸增，得百法明門，安住歡喜地。這是上品下生。

以上的觀想，就叫上輩生想，也就是第十四觀。

中品上生的行者，要能受持五戒，八關齋戒，嚴守戒法，不造五逆，沒有種種過失，以此功德廻向西方。當他臨命終時，阿彌陀佛，眉間放出金色的光，行者心生歡喜，看到自己坐在蓮花臺，雙膝跪地，合掌向佛行禮，一念之間，已經往生到極樂世界了。當花開的時候，就證得阿羅漢道，得到三明六通，八種解脫，這是中品上生。

如果能一日一夜，持八戒齋，或持沙彌戒，或持具足戒，威儀無缺，以此功德廻向西方。當臨命終時，阿彌陀佛放金色光，持七寶蓮花來迎接，行者見到自己坐在蓮花上，蓮花合起來，就生到極樂世界的七寶池。經過七天，蓮花就開了。花開見佛，聞法歡喜，證得須陀洹果，經半劫的時期，證得阿羅漢果。這是中品中生。

如果有相信佛法的善男信女，能够孝順父母，慈悲對待衆生，當他臨命將終的時候，得遇善知識爲他詳說阿彌陀佛的四十八大願，及極樂世界的種種快樂。那麼他臨命終時，就往生西方，經過七天，遇見觀世音，大勢至二菩薩的說法，而證得須陀洹果，過了一小劫的時期，而證得阿羅漢果。這是中品下生。以上是中輩生想，名爲第十五觀。

如果有衆生，造了種種惡業，沒有毀謗佛法，在他壽命快完的時候，遇到善知識，爲他說大乘十二部經的經名，這個人因爲聽到了許多經的名目，就滅除了一千劫所造的諸種惡業。善知識又教他稱念佛名，又滅除了五十億劫生死之罪，所以臨命終時，也能得到阿彌陀佛派遣化佛來迎接，使行者見光明，乘寶蓮花，往生七寶池中，經過四十九天，蓮花才開放。花開後，觀世音、大勢至二菩薩放大光明，爲他講授十二部經。經十小劫的時期，具百法明門，得入初地，是名下品上生。

又有衆生毀犯五戒八戒具足戒，偷取僧物，不說淨法，像這樣的惡人，命終當墮地獄，地獄火要燒過來。此時幸遇善知識，爲他講說阿彌陀佛的十力威嚴，十方功德，讚歎阿彌陀佛的光明神力，及戒定慧，解脫知見等。此人聽了善知識爲他讚歎佛法，就滅除了八十億劫以來所造生死之罪，地獄猛火，也化成清涼風，吹到天花上去，花上有化佛來迎接此人，一念之間，就往生到七寶池中的蓮花之內。經過六劫的時期，花開見佛，發無上道心。這是下品中生。

如果有衆生，造作惡業造作五逆十惡，死後應墮落惡道，受長期的窮苦。像這樣的惡人，臨命終時，如得遇善知識，爲他演說佛法，教他念佛，至心念佛，具足十念，稱南無阿彌陀佛，則可除八十億劫生死之罪，命終時，見金蓮花，一念之間就往生極樂世界，在蓮花中滿十二大劫，蓮花才開。蓮花開後，即見到觀世音、大勢至二大菩薩，對他發出大悲的聲音，向他詳說佛法眞實的道理，及滅罪法門。此人聽後，心生歡喜，即發菩提之心。這是下品下生。以上名下輩生想，是第十六觀。

七、結　語

本經詳說十六種觀法，頗爲詳細具體，如能照經中所說，信受奉行，必能橫超生死。凡是五濁惡世之凡夫，乘佛之願力，皆得往生。

本經指出淨業三福，是往生的正因，詳說十六觀法，使其觀想成就，親見極樂世界依正莊嚴。如持名念佛而不得一心不亂者，當依本經，如理作意，假觀想之力，當能速得成就。

本經又詳說九品往生之因，使行者期修上品，有所依據，心安理得。三品九生，因果分明。凡是專修淨土者，應詳讀本經。

民國六十六年七月一日於學不厭齋

第二十章　佛說阿彌陀經淺說

一、前　言

佛說阿彌陀經，是中國佛教徒最重視的一部經典，也是佛教徒晚課必誦的經典，是淨土宗，最基本的經典。也因爲他的經文短，理論單純，持名念佛的方法，簡單方便，所以國人最喜受持本經。

阿彌陀佛，是西方極樂世界教主的聖號，他的意義，就是無量光，無量壽的意思。本經雖然理論單純，但是境界頗高，不是佛弟子所能知所能問的，所以本經與其他諸經，有一不同的地方，本經是佛陀主動向弟子宣說的，是不請自說的，不像他經，是由弟子的請問，佛陀再逗機施教。由此，也可見出本經之重要。

本經描述了西方極樂世界美好的景色，同時也宣說了，往生西方極樂世界的修持方法，這是釋迦牟尼佛，親自向大弟子舍利弗，所說的一部經，講的是阿彌陀佛接引衆生往生西方極樂世界的道理，所以叫佛說阿彌陀經。

本經是姚秦時，三藏法師鳩摩羅什翻譯成漢文的。

二、西方極樂世界

當大小乘諸大阿羅漢，諸大菩薩，以及諸天大衆，齊集在祇樹給孤獨園，聽佛說法的時候，釋迦牟尼佛，看到大衆雲集，由大悲心的策動，不待任何人的請求，就自動地將這持名念佛，得生西方極樂世界的殊勝法門，傳流給後世的苦惱衆生。

持名念佛，得生西方極樂世界的法門，非大智慧不能信仰，所以佛陀召喚了在大弟子中，資格最老，智慧第一的舍利弗，向他宣說法要。

佛陀告訴舍利弗，從我們這個世界，向西方去，經過十萬億佛國土，另外有個世界，名字叫極樂世界。在那個極樂世界，有一尊佛，名號叫阿彌陀佛，現在還住在那個世界裏，時時說法，教化他的弟子們。

阿彌陀佛的世界，爲什麼叫極樂世界呢？這是因爲那個國土的衆生，沒有衆苦，沒有一切煩惱，只享受諸樂。所以叫極樂世界。極樂世界的地面，莊嚴無比，美妙無比。有欄楯圍繞於樹外，有羅網覆於樹上，一重一重的互相間隔，計有七重。而且樹木都排列成行，羅網皆金銀珠寶之所構成，層層相間，既整齊，又美觀。我們這個世界無非是泥土沙石，荊棘蓬蒿，而阿彌陀佛的世界，有著寶樹、寶網、寶欄楯的莊嚴，所以叫做極樂世界。

極樂世界，不但陸上有欄網行樹的莊嚴，就是水池的莊嚴，也是勝妙無比。那裏的水池，是由金、銀、琉璃．珊瑚、硨磲、珍珠、瑪瑙等七種寶物所建築而成的。水底是金沙，而不是泥沙，而且儲滿了，澄淨、清冷、甘美、輕軟、潤澤、安和、除饑渴、長養諸根等八種好處的水，叫八功德水。

在水池四周圍的階道，都是金、銀、琉璃、玻璃、等四寶所合成。池階的上面，有天然的樓閣，而樓閣的質料，並不是土木瓦石，而是金銀等七種珍寶所砌成的。

那裏，水池中的蓮花，大得像車輪一般，而且青色的蓮花會放青光，黃色的蓮花會放黃光，赤色蓮花放赤光，白色蓮花放白光，實在微妙香潔。

阿彌陀佛的國土裏，天上的天衆，常常在天空裏，奏著天上的音樂，地下則是黃金爲地。不分晝夜，天空裏常下著天上的曼陀羅華。極樂世界，晝夜六時，不斷的有白蓮華，紛紛從天空落下，這也是極樂世界的特色。

極樂世界的衆生，在清早的時候，以天花，或本土七寶行樹的花，供養他方佛聖，他們能運用神足通，在很短的時間內，遊行十萬億佛土，供養十萬億佛，而且回到本國來，仍提得上早齋。回來後就吃飯，吃過了就經行用功。

在極樂世界裏，還有很多奇妙雜色的鳥，像白鶴、孔雀、鸚鵡、舍利、迦陵頻伽、共命之鳥等，經常出入於寶樹林中，晝夜六時，吐出和雅的聲音來，非常好聽，而且從鳥的聲音裏，還能演唱出佛法來，像五根五力，七菩提分，八聖道分，都演唱出來，所以那裏的衆生，聽到鳥聲，都能憶念佛法僧三寶。

那些鳥類，並不是罪報所生，那個國土，並沒有三惡道，那些鳥，都是阿彌陀佛，欲令佛法的流通，迎合衆生的意趣，以神通力變化而有的。

在那個國土，羅網行樹，因微風的吹動，而發出微妙的音聲來，有如千百種音樂，同時俱作，凡是聽到這種聲音，自然而然的皆生出懷念佛法僧三寶的心情來。

這就是阿彌陀佛的西方極樂世界，莊嚴國土的種種情景。

三、阿彌陀佛之功德

至於極樂世界的那尊佛，爲什麼叫阿彌陀佛呢？這是因爲阿彌陀佛身上的光明，是沒有限量的，他的光明能照耀十方世界的國土，沒有障礙，沒有照不到的地方，所以叫阿彌陀佛，其意思，就是無量光。

阿彌陀佛的光明是無量的，阿彌陀佛及其人民的壽命，也是無量的，皆是無量無邊的阿僧祇劫的長久，所以叫無量壽。

阿彌陀佛，成佛以來，屈指計算，到現在爲止，已經有十劫的長久了。他有無量無邊的聲聞弟子，其數目之多，不是算數所能計算，菩薩的數目和聲聞一樣的多。至於他方世界，因念佛而往生到西方極樂世界的衆生，就永遠不會退轉，也就是永遠不退轉其志趣，而墮落於人天道中，或三惡道裏去。

往生到西方極樂世界的人們，不但不會退轉，其中能居一生補處地位的人，也就是住在候補成佛位置的人，其數目很多，多到不可以拿算數來計算，只能用無量無邊阿僧祇，那個大數目來代表他。

西方極樂世界，如此莊嚴，阿彌陀佛，成就了如是功德，吾人當願往生西方極樂世界，親聞阿彌陀佛，演說佛法。

四、本經的修持方法

求生西方極樂世界，有三個必要的條件，在這三個條件中，第一要信仰，第二要發願，第三要實行。首先對西方極樂世界的莊嚴清淨國土，和西方極樂世界的教主，阿彌陀佛的功德，皆必須信仰確有其事，否則是無法往生的。

既然我們知道了西方極樂世界的莊嚴神妙，因此就應當發起願心來，願意往生到那個西方極樂世界去，因為西方極樂世界，就能夠有資格和許多已生西方的大菩薩，如文殊菩薩、觀世音菩薩、大勢至菩薩、以及無量無數的阿羅漢，集合在一起，討論佛法。

要往生西方極樂世界，必須有濟世利人的願心，必須要以大菩提心，念佛名號為正因，以純良心做福德為助緣，以這大因大緣，才有可能往生西方。

有了信心，同時能發願之外，還要身體力行，聽到了阿彌陀佛後，就必須努力執持「阿彌陀佛」這句佛號，口裏念著，心裏想著，時時不要忘記，不要散失。像這樣能以一日二日或七日的時間，念到了一心不亂，那麼當他臨命要終了時，阿彌陀佛和諸聖衆，就會顯現在他的面前，來接引他，當念佛念到一心不亂，在他臨命終時，內心就不會顛倒，不會受世間的俗務所牽掛，自然就能隨著阿彌陀佛的光明，在一刹那間往生西方。

這是很簡便的修持法門，衆生們聽到了這方便法門，都應當發起願心，準備生到西方極樂世界去。

五、一切諸佛之護念

念佛法門，是千佛萬佛，無量諸佛所異口同音稱讚的，不僅是釋迦牟尼佛，在讚歎阿彌陀佛的功德而已，所以再請六方諸佛來證明，使衆生確信不疑。

東方有須彌相佛、妙音佛、須彌光佛等，南方有日月燈佛、名聞光佛、須彌燈佛等，西方有無量壽佛、大光佛、大明佛等，北方世界有最勝音佛、日生佛等，下方世界有師子佛、名聞佛、名光佛等，上方世界有梵音佛、香上佛、香光佛等，都在他們的國度，出廣長舌相，稱讚阿彌陀佛的功德。

衆生聽到本經，都能够受持，而且因聽本經，而聽到諸佛的名號，就會得到一切諸佛的保護，而且永遠不會把你忘記，而且直到證得無上菩提，否則永遠不會退轉，所以本經又叫做「稱讚不可思議功德，一切諸佛所護念經」。

淨土念佛法門，雖然簡單易行，但不容易被人接受，所以是一切世間難信之法，釋迦牟尼佛，能在娑婆國土，五濁惡世，宣說此難信之法，成就無上菩提，所以受到十方諸佛的讚歎，實是希有難得之事。

六、結　語

阿彌陀經，言簡意賅，最易受持，不分宗派，每日晚課都要誦持本經，本經之重要性，可想而知。

淨土法門，可說是十方三世一切諸佛，上成佛道，下化衆生之通規，值此末法時代，一切衆生，仗佛慈力，即可了生脫死，帶業往生，這是阿彌陀佛的大悲心，加上衆生的信願行力，自然可以速得成就。

只要遵照本經所揭示的最穩當，最簡單容易的念佛修行法，努力行去，必定可以脫離生死之流的。

民國六十五年十二月二十二日於松石園

國家圖書館出版品預行編目資料

佛經淺說 / 鐘友聯著. -- 初版. -- 新北市：華夏出版有限公司, 2024.06
面； 公分. --（圓明書房；046）
ISBN 978-626-7393-09-3（平裝）
1.CST：佛經 2.CST：佛教教理
3.CST：佛教修持

221.02 112018173

圓明書房 046
佛經淺說

著 作 鐘友聯
出 版 華夏出版有限公司
220 新北市板橋區縣民大道 3 段 93 巷 30 弄 25 號 1 樓
電話：02-32343788 傳真：02-22234544
印 刷 百通科技股份有限公司
電話：02-86926066 傳真：02-86926016
E-mail： pftwsdom@ms7.hinet.net
總 經 銷 貿騰發賣股份有限公司
新北市 235 中和區立德街 136 號 6 樓
電話：02-82275988 傳真：02-82275989
網址：www.namode.com
版 次 2024 年 6 月初版一刷
特 價 新臺幣 300 元（缺頁或破損的書，請寄回更換）

ISBN-13：978-626-7393-09-3

《佛經淺說》由佛教出版社同意華夏出版有限公司出版繁體字版